Dr. Ernst Grill
Relationale Datenbanken
Ziele, Methoden, Lösungen

Dr. Ernst Grill

Relationale Datenbanken

Ziele, Methoden, Lösungen

2. überarbeitete und
erweiterte Auflage

CW-Edition

CW-Edition

CIP-Kurztitelaufnahme der deutschen Bibliothek

Grill, Ernst:
Relationale Datenbanken:
Ziele, Methoden, Lösungen /
Ernst Grill. —München: CW-Edition, 1984.
ISBN 3-922246-16-8

Satz: CW-Publikationen, Schrift: Helios bold und light
Druck: Hudak-Druck, Ohlauer Straße 2, 8000 München 50
Bindearbeit: Buchbinderei Grimm + Bleicher GmbH & Co. KG, Nymphenburger Str. 86, 8000 München 19
Printed in Germany

ISBN 3-922246-16-8

Vorwort zur 2. Auflage

Es war ein besonderes Anliegen des Verfassers, mit dem Buch „Relationale Datenbanken — Ziele, Methoden, Lösungen" eine Brücke zwischen Theorie und Praxis zu bauen. Der rasche Verkauf der ersten Auflage scheint zu bestätigen, daß diese Absicht geglückt ist. Die zweite Auflage wurde um das Kapitel „Synthese betrieblicher Informationssysteme" ergänzt, das die Bedeutung des Codd'schen Relationenmodells für ein modernes Informations-Management aufzeigt.

Juli 1984 Dr. Ernst Grill

Einleitung:

Die Ansprüche der Benutzer an die Qualität von Softwareprodukten sowie die Kosten für die Entwicklung und Betreuung dieser Produkte sind in den letzten Jahren immer stärker gestiegen.

Aus diesen Gründen kommt der Innovation der Verfahren und Methoden in der Datenverarbeitung eine wachsende Bedeutung zu. Insbesondere gilt dies für das Design von Datenbanken.

1970 veröffentlichte E.F. Codd in den USA die theoretischen Grundlagen für sein Relationenmodell und machte so den Entwurf von Datenbanken mathematischen Analysemethoden zugänglich.

Das Buch 'Relationale Datenbanken — Ziele, Methoden, Lösungen' hat sich die Aufgabe gestellt, die Theorie der relationalen Datenbanken einfach und verständlich zu erklären und die Wirksamkeit dieser Methoden an den betriebswirtschaftlichen Zielen der Datenverarbeitung in einem Unternehmen zu messen.

Es wendet sich primär an die in der Praxis tätigen Systemanalytiker, Organisatoren und deren Führungskräfte.

Das erste Kapitel beschäftigt sich mit den betriebswirtschaftlichen Zielen der Datenverarbeitung und zeigt Rationalisierungspotentiale auf, die durch relationale Designmethoden erschlossen werden können.

Im zweiten Kapitel werden die Bauelemente stabiler Datenstrukturen vorgestellt und damit die Voraussetzungen für das Verständnis der Entwurfsmethoden im nächsten Kapitel geschaffen.

Das dritte Kapitel des Buches ist das wichtigste. Es befaßt sich mit dem logischen Design von Datenbanken und zeigt, wie stabile Datenstrukturen entworfen und dadurch der Wartungsaufwand von Anwenderprogrammen reduziert werden kann. (Überführung in die dritte Normalform)

Das vierte Kapitel ist den relationalen Sprachen gewidmet und zeigt, wie die wichtigsten relationalen Fragestellungen mit Hilfe der „structured query language" SQL gelöst werden. Die im Text vorkommenden SQL-Beispiele sind von der IBM überprüft und ausgetestet worden.

Ein Literaturverzeichnis bietet dem interessierten Leser die Möglichkeit, sich weiter im Detail zu informieren, und schließlich soll ein Stichwortverzeichnis die Arbeit in der Praxis erleichtern.

Es ist ein besonderes Anliegen des Verfassers, mit diesem Buch eine Brücke zwischen Theorie und Praxis zu bauen und dadurch die Anwendung moderner Methoden in der Datenverarbeitung zu fördern.

Januar 1982 Dr. Ernst Grill

Inhaltsverzeichnis

1. Zielsetzung

Ein betriebswirtschaftliches Ziel ist eine meßbare Größe, die das Management einer betrieblichen Organisationseinheit vorgibt und an der es den Erfolg dieser Einheit mißt.
Wir werden uns in diesem Buch eingehend mit Methoden beschäftigen, die auf der Theorie der relationalen Datenbanken aufbauen. Eine Methode ist kein Selbstzweck. Sie ist nur ein Hilfsmittel, um ein bestimmtes Ziel zu erreichen. Bevor wir uns also mit diesen Methoden befassen, wollen wir diejenigen Ziele der Datenverarbeitung formulieren, an denen wir die Wirksamkeit dieser Methoden messen wollen:

1.1 Senken der Kosten für die Betreuung von Anwendersoftware

1.2 Erhöhen des Potentials für die Entwicklung und Betreuung von Anwendersoftware

1.3 Verbessern der Qualität der Anwendersoftware

1.1 Senken der Kosten für die Betreuung von Anwendersoftware

Der Anteil der Kosten für die Entwicklung und insbesondere für die Betreuung von Anwendersoftware ist in den letzten Jahren stetig gewachsen, während in der gleichen Zeit der Anteil der Kosten für die Hardware stetig abgenommen hat:

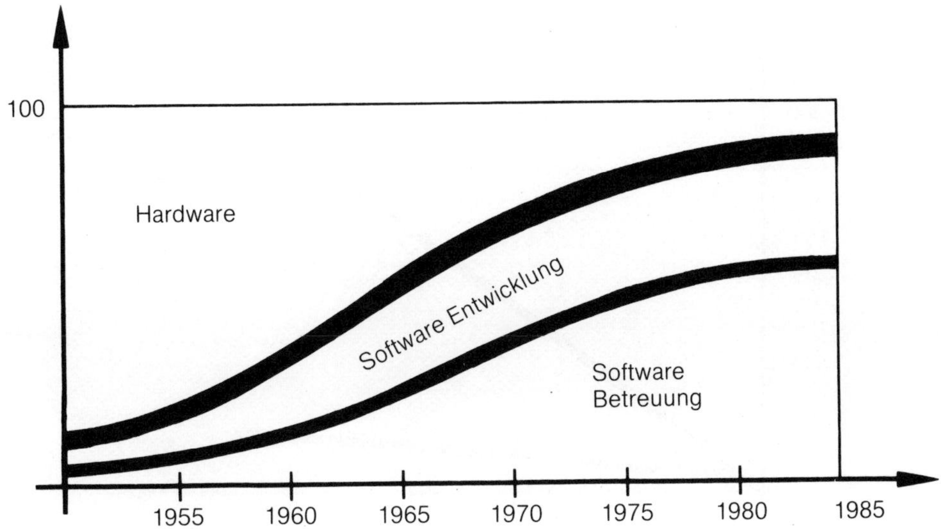

Abb 1.1 /1/

Besonders fällt in Abbildung 1.1 auf, wie die Kosten für die Betreuung, d. h. Wartung von Anwendersoftware explodieren. Hier hilft uns die Methode der kanonischen Synthese von Datenstrukturen. Sie ermöglicht es uns, stabile Datenstrukturen und damit änderungsunanfällige Programme zu konstruieren. So trägt sie dazu bei, den Aufwand für die Programmwartung zu senken. /2/

Wie wir in Kapitel 3 sehen werden, betreffen diese Überlegungen das logische Datenbankdesign. Sie sind also unabhängig davon, welches Datenbanksystem wir für die physische Implementierung unserer Anwendungssoftware wählen. Sie gelten genausogut für relationale Datenbanken wie für IMS, CODASYL oder DBOMP-orientierte Datenbanksysteme.

1.2 Erhöhen des Potentials für die Entwicklung und Betreuung von Anwendersoftware.

Die Computertechnik hat sich in den letzten Jahren stürmisch weiterentwickelt, sie ist wesentlich leistungsfähiger und zugleich billiger geworden.

Mit dieser Entwicklung hat die Produktivität der Mitarbeiter in der Datenverarbeitung nicht Schritt halten können.

Während die Rechnerleistung sich bei gleichem Preis seit 1955 um den Faktor 1 000 000 000 vervielfacht hat, ist die Produktivität der Mitarbeiter, die Datenverarbeitungsprogramme entwickeln, nur um den Faktor 13 gestiegen. /3/

Wie können wir nun das Potential für die Entwicklung und Betreuung von Anwendersoftware so erhöhen, daß wir mit der technischen Entwicklung der Computer Schritt halten können?

Abbildung 1.2 zeigt eines ganz deutlich: es wird nicht ausreichen, die Zahl der Mitarbeiter in der Datenverarbeitung zu erhöhen. Dazu ist der technische Fortschritt zu groß. Die Datenverarbeitung muß vielmehr den Benutzern in den Fachabteilungen Hilfsmittel zur Verfügung stellen, mit denen sie ohne große DV-technische Kenntnisse und ohne Hilfe der Mitarbeiter in der Datenverarbeitung selbständig 'Programme' schreiben können.

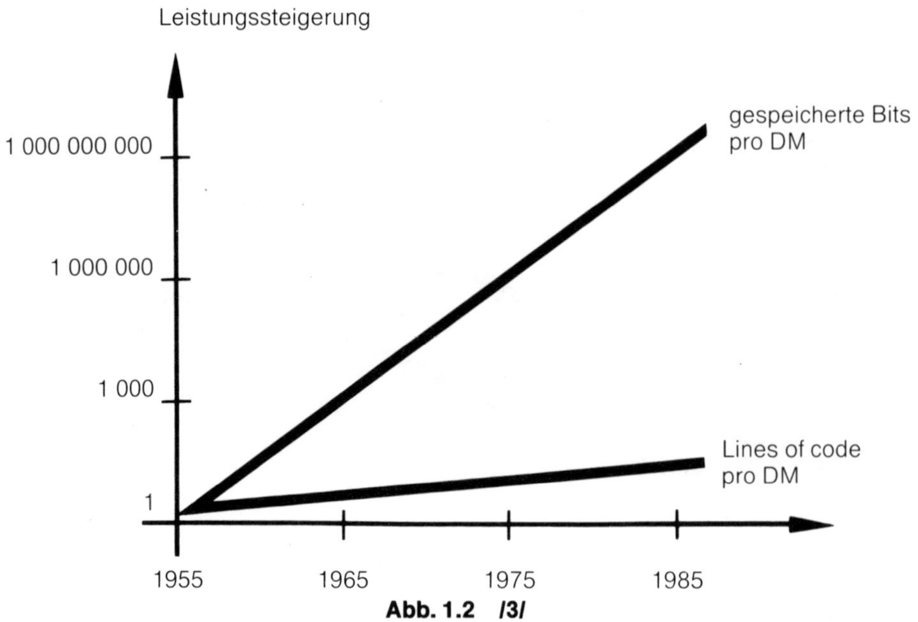

Abb. 1.2 /3/

Ein solches Hilfsmittel sind die relationalen Sprachen.

1.3 Verbessern der Qualität der Anwendersoftware

Die Designmethoden, die wir in diesem Buch kennenlernen, ermöglichen es uns logisch einwandfreie Datenstrukturen zu entwerfen und tragen so dazu bei, daß qualitativ hochwertige Softwareprodukte entwickelt werden können.

Insbesondere trifft dies für die Qualitätsmerkmale /4/

— Funktionsumfang
— Benutzerkomfort und
— Effizienz

zu.

Der Erfüllungsgrad des Merkmals 'Funktionsumfang' wird, soweit es die Datenbank betrifft, dadurch gewährleistet, daß die relationalen Designmethoden *alle* Datenstrukturen (zum Beispiel Stücklisten) darstellen können, die sich aus den Funktionen des Softwareproduktes ableiten.

Der Benutzerkomfort wird dadurch erhöht, daß der Benutzer über einfache und vielseitige Möglichkeiten verfügt, Informationen aus der Datenbank zu suchen und sie auszuwerten.

Schließlich verbessern relationale Designmethoden die Effizienz der Anwendersoftware dadurch, daß Daten nur dann redundant gespeichert werden, wenn dies aus logischen Gründen notwendig ist. So wird Speicherplatz und Rechenzeit bei der Verwaltung der Datenbank gespart.

2. Bauelemente stabiler Datenstrukturen

In diesem Kapitel lernen wir die Bauelemente kennen, die wir für den Entwurf von stabilen Datenstrukturen benötigen:

2.1 Datenelemente
2.2 Assoziationen zwischen Datenelementen
2.3 Datengruppen
2.4 Assoziationen zwischen Datengruppen

2.1 Datenelemente

Datenelemente (Felder) sind die kleinsten Einheiten in einer Datenbank. Sie bestehen aus Bytes bzw. Bits. Werden sie weiter zerlegt, so haben ihre Bruchstücke für den Benutzer keine Bedeutung mehr.

Jedes Datenelement in der Datenbank wird über einen eindeutigen Namen x angesprochen. Dieser Name kann Werte aus einem vorgegebenen Wertebereich annehmen:

$x \in \{x_1, x_2, x_3, \ldots x_n\}$

In den folgenden Diagrammen stellen wir die Datenelemente als Ellipsen dar und tragen in sie die Namen der Datenelemente ein. /5/

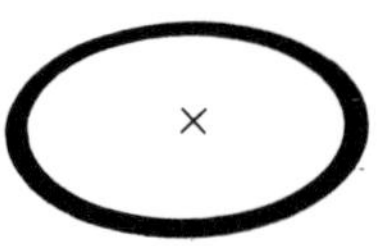

Beispiel 1:

Name des Datenelements:
FARBE
Wertebereich:
rot, blau, grün, gelb, weiß, schwarz
Darstellung:

2.2 Assoziationen zwischen Datenelementen

Ein Datenelement für sich allein gesehen, hat in den meisten Fällen keine Aussagekraft. Es erhält seine Bedeutung erst dadurch, daß man weiß, in welcher Beziehung (Assoziation) es zu anderen Datenelementen steht.

So hat zum Beispiel der Wert des Datenelementes KÖRPERGEWICHT allein keine Bedeutung. Er wird erst interessant, wenn man den Namen der Person kennt, die gewogen wurde.

Wir stellen die Tatsache, daß zwischen den Datenelementen NAME und KÖRPERGEWICHT eine Assoziation besteht, dadurch dar, daß wir ihre beiden Ellipsen durch einen Pfeil miteinander verbinden. /5/ (Abb. 2 — 1)

Abb. 2 — 1 Assoziationen zwischen Datenelementen

In diesem Kapitel wollen wir uns mit Assoziationen im Detail auseinandersetzen und untersuchen, welche Assoziationen zwischen zwei Datenelementen bestehen können:

2.2.1 die 1:1-Assoziation
2.2.2 die 1:M-Assoziation
2.2.3 die M:N-Assoziation

2.2.1 Die 1:1-Assoziation

Zwischen zwei Datenelementen a und b besteht eine 1:1-Assoziation, wenn folgendes gilt: Zu jedem Wert von a gibt es genau einen Wert von b und umgekehrt.

Die einfache Pfeilspitze, die von b auf a zeigt, bedeutet, daß es zu einem Wert von b nur einen Wert von a gibt. Umgekehrt bedeutet die einfache Pfeilspitze, die von a auf b zeigt, daß es zu einem Wert von a nur einen Wert b gibt. (Abb. 2 — 2)

Beispiel 2

Der Wertebereich „MANN" enthält die Vornamen von Ehemännern, der Wertebereich „FRAU" die ihrer Frauen. Es wird angenommen, daß unterschiedliche Personen unterschiedliche Vornamen haben.

In unserem Beispiel ist ANTON mit BERTA, PAUL mit ANNA, FRANZ mit CLARA und KARL mit DORA verheiratet. (Abb. 2 — 3)

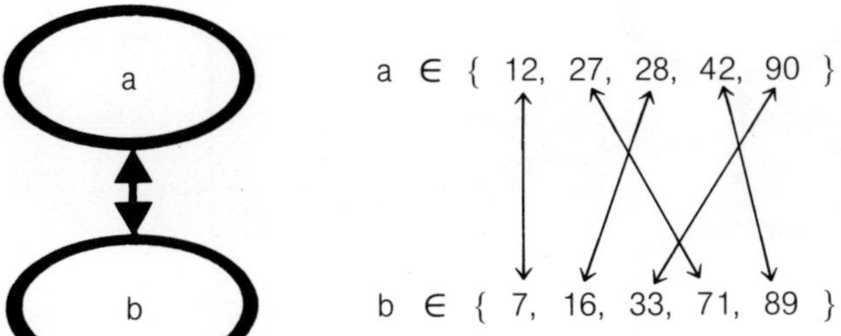

Abb. 2 — 2 1 : 1-Assoziation

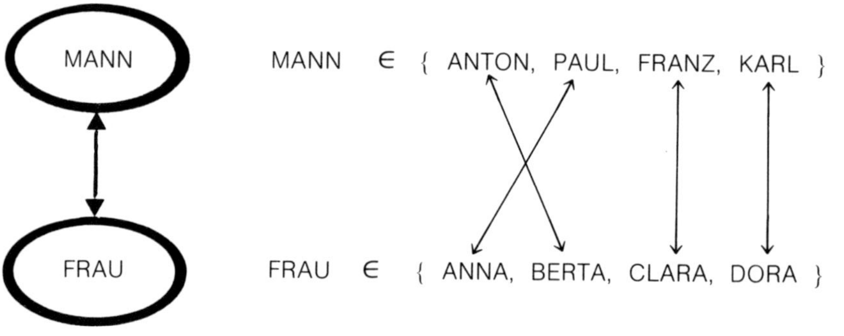

Abb. 2 — 3 1 : 1-Assoziation

2.2.2 Die 1:M-Assoziation

Zwischen zwei Datenelementen a und b besteht eine 1:M-Assoziation, wenn folgendes gilt:

Zu jedem Wert von a gibt es null, einen oder mehrere Werte von b. Umgekehrt gibt es zu jedem Wert von b genau einen Wert von a.

Die doppelte Pfeilspitze, die von a nach b zeigt, bedeutet, daß es zu einem Wert von a mehrere Werte von b geben kann. Die einfache Pfeilspitze, die von b nach a zeigt, sagt aus, daß es zu einem Wert von b einen Wert von a gibt. (Abb. 2 — 4)

Beispiel 3

Der Wertebereich „VATER“ enthält die Vornamen der Väter, der Wertebereich „KIND“ die Vornamen ihrer Kinder. Es wird angenommen, daß unterschiedliche Personen unterschiedliche Vornamen haben.

ANTON ist Vater von OTTO und KLAUS, FRANZ hat eine Tochter EMMA, KARL ist Vater von GERDA und HANS, PAUL hat keine Kinder. (Abb. 2 — 5)

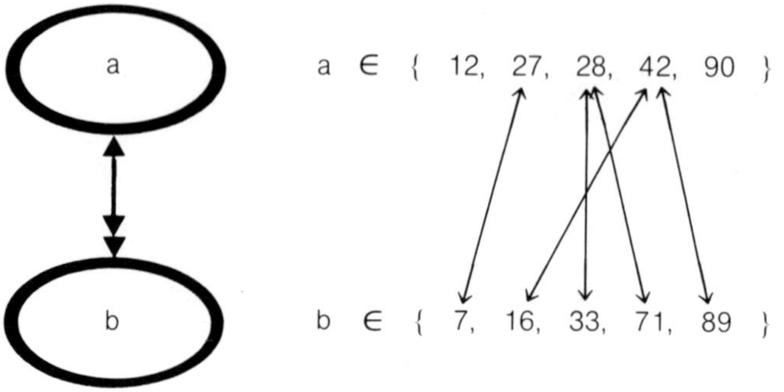

Abb. 2 — 4 1 : M-Assoziation

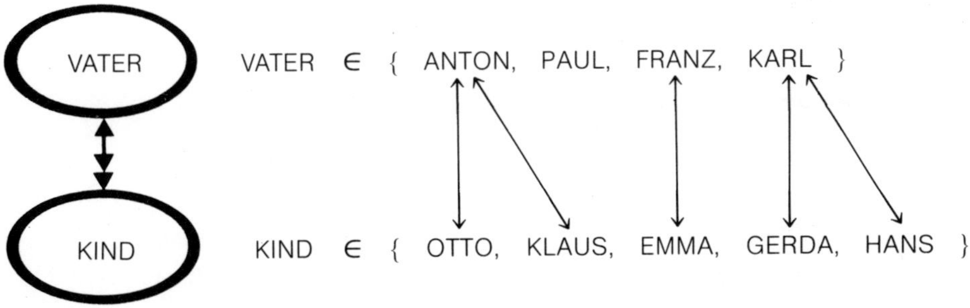

Abb. 2 — 5 1 : M-Assoziation

2.2.3 Die M:N-Assoziation

Zwischen zwei Datenelementen a und b besteht eine M:N-Assoziation, wenn folgendes gilt:

Zu jedem Wert von a gibt es null, einen oder mehrere Werte von b und umgekehrt.

Die doppelte Pfeilspitze, die von a nach b zeigt, bedeutet, daß es zu einem Wert von a mehrere Werte von b geben kann. Die doppelte Pfeilspitze, die von b nach a zeigt, sagt aus, daß es zu einem Wert von b mehrere Werte von a geben kann. (Abb. 2 — 6)

Beispiel 4

Der Wertebereich „ONKEL" enthält die Vornamen der Onkel, der Wertebereich „NEFFE" die Vornamen ihrer Neffen. Es wird angenommen, daß unterschiedliche Personen unterschiedliche Vornamen haben.

PAUL und FRANZ haben die Neffen OTTO und KLAUS, ANTON hat nur einen Neffen, nämlich HANS. (Abb. 2 — 7)

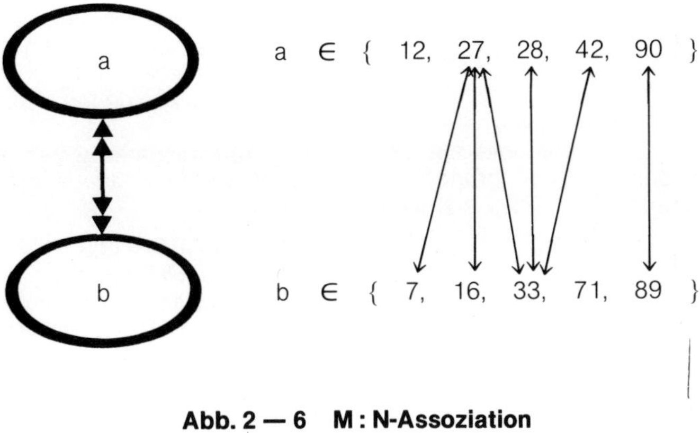

Abb. 2 — 6 M : N-Assoziation

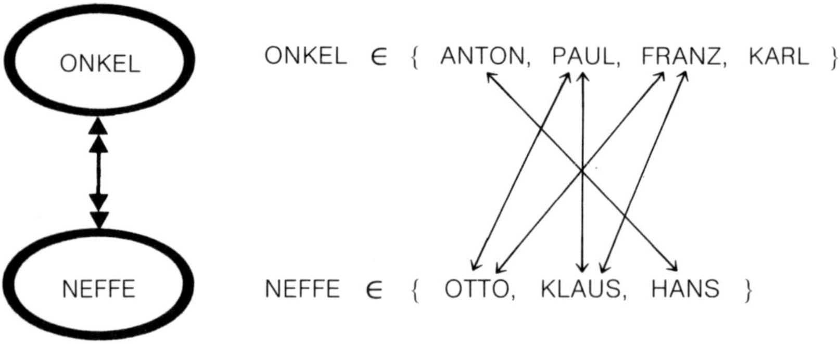

Abb. 2 — 7 M : N-Assoziation

2.3 Datengruppen

In kommerziellen Datenbanken gibt es oft mehr als n = 1000 Datenelemente. Zwischen ihnen können bis zu

n.(n-1)/2 = 1000.(1000-1)/2 = 499 500

Assoziationen bestehen. Würde man nun jedes Datenelement der Datenbank und alle seine Assoziationen einzeln darstellen, so wäre eine solche Darstellung sehr unübersichtlich.

Sie wird übersichtlicher, wenn man zusammengehörige Datenelemente zu Datengruppen zusammenfaßt, und zwar so, daß folgendes gilt:

1.) zusammengehörige Datenelemente und die Assoziationen, die sie verknüpfen, bilden eine Datengruppe
2.) Assoziationen, die Datenelemente verschiedener Datengruppen verknüpfen, bleiben als Assoziationen zwischen diesen Datengruppen erhalten.

Beispiel 5

Die Fertigungssteuerung beauftragt die Produktion mittels eines Werkstattauftrags ein bestimmtes Teil in einer bestimmten Menge bis zu einem bestimmten Termin fertigzustellen.

Ein solcher Werkstattauftrag besteht im allgemeinen aus vier Datengruppen:

— den Auftragsdaten
— den Arbeitsfolgedaten
— den Teiledaten und
— den Arbeitsplatzdaten

Im folgenden werden diese Datengruppen mit ihren Namen und ihren Abkürzungen näher beschrieben und die Datenelemente aufgezählt, aus denen sie bestehen:

Die Auftragsdaten legen fest, was bis wann in welcher Menge produziert werden soll.

A: AUFTRAGSDATEN
ANR: AUFTRAGSNR.
TNR: TEILENR.
ATME: AUFTRAGSMENGE
TERM: TERMIN

Zu jedem Auftrag gibt es mehrere Arbeitsfolgen. Sie beschreiben die Tätigkeiten, die notwendig sind, um den Auftrag auszuführen und enthalten Angaben über den Arbeitsplatz und die Entlohnung.

AF: ARBEITSFOLGEDATEN
ANR: AUFTRAGSNR.
AFO: ARBEITSFOLGENR.
APZ: ARBEITSPLATZNR.
VZ: VORGABEZEIT

Die Teiledaten beschreiben die Materialpositionen, die notwendig sind, um das beauftragte Teil zu produzieren. Es kann sein, daß ein Auftrag mehr als eine Position benötigt, andererseits kann eine TEILENR. für mehr als einen Auftrag benötigt werden.

T: TEILEDATEN
TNR: TEILENR.
TBZ: TEILEBEZEICHNUNG

Die Arbeitsplatzdaten beschreiben den Arbeitsplatz, an dem eine Arbeitsfolge ausgeführt wird. Es können verschiedene Arbeitsfolgen am selben Arbeitsplatz, eine Arbeitsfolge kann jedoch nur an einem Arbeitsplatz bearbeitet werden.

AZ: ARBEITSPLATZDATEN
APZ: ARBEITSPLATZNR.
KST: KOSTENSTELLE
KAP: KAPAZITÄT

Stelle die Datenstruktur einmal auf der Ebene der Datenelemente und das andere Mal auf der Ebene der Datengruppen dar. Zeige, daß durch die Gruppenbildung die Zahl der möglichen Assoziationen und damit die Komplexität der Datenstruktur quadratisch abnimmt.

Lösung:

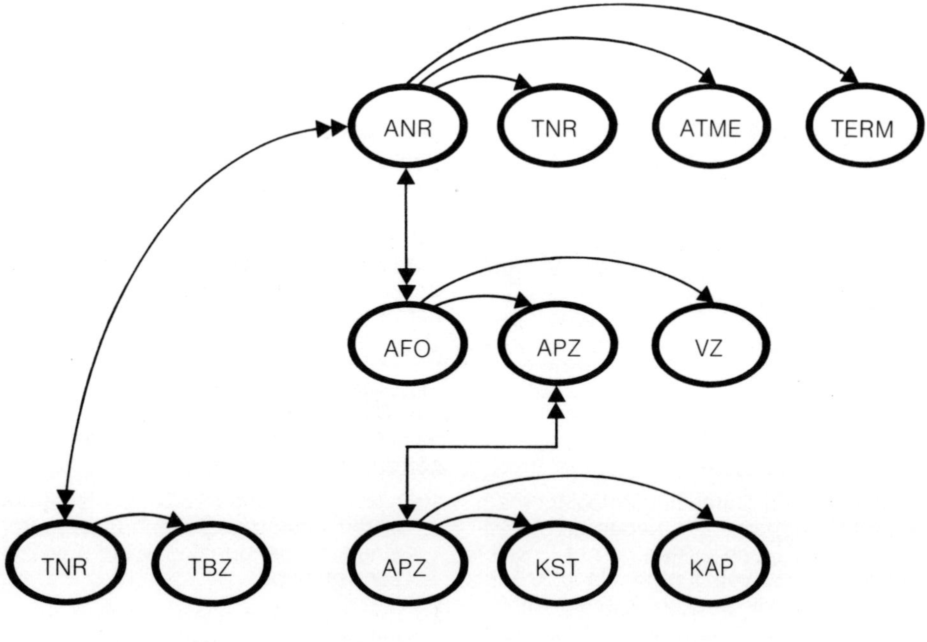

Abb. 2 — 8 Datenstruktur auf Datenelementebene

n = 12 Datenelemente
n.(n-1)/2 = 12.11/2 = 66 mögliche Assoziationen

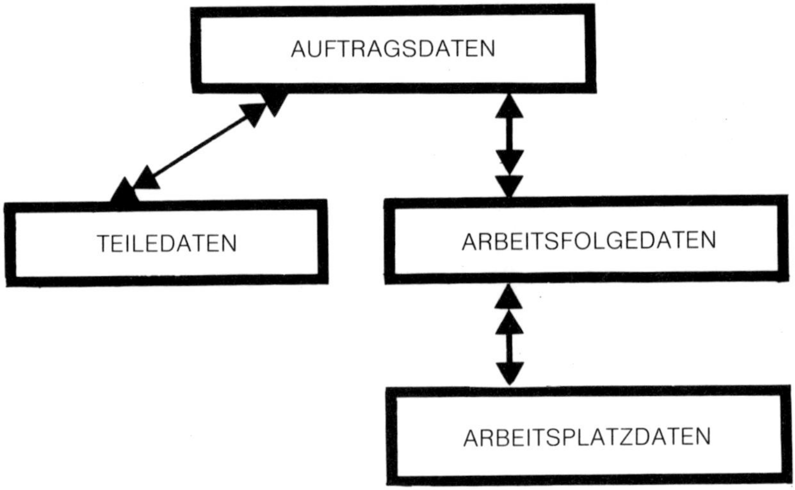

Abb. 2 — 9 Datenstruktur auf Datengruppenebene

n = 4 Datengruppen
n.(n-1)/2 = 4.3/2 = 6 mögliche Assoziationen

Die Datenelemente einer Datengruppe haben für ihre Gruppe nicht alle die gleiche Bedeutung. Man kann sie in zwei Klassen einteilen, die sich in ihrer Funktion unterscheiden:

2.3.1 Schlüssel und
2.3.2 Attribute

2.3.1 Die Schlüssel

Schlüssel sind Datenelemente innerhalb einer Datengruppe. Sie haben die Aufgabe, Datengruppen zu identifizieren oder miteinander zu verknüpfen. Nach Art der Aufgabe, die sie erfüllen, können wir folgende Typen unterscheiden:

— primary keys
— candidate keys
— secondary keys
— foreign keys

Leider hat sich in der Praxis keine einheitliche deutsche Namensgebung für diese Schlüssel durchsetzen können. Das Buch verwendet daher die englischen Begriffe so, wie sie Codd /6,10/ definiert hat. Dort, wo es für einen Schlüssel einen gebräuchlichen deutschen Namen gibt, wird er bei den nun folgenden Definitionen neben dem englischen angegeben.

Der primary key (Primärschlüssel)

Ein Datenelement oder eine Kombination von Datenelementen einer Datengruppe heißt primary key p, wenn folgende Aussagen zutreffen:

1.) p ist mit den anderen Datenelementen a_i der Datengruppe entweder durch eine 1:1- oder durch eine M:1-Assoziation verknüpft;

2.) man kann kein Datenelement aus p entfernen, ohne daß Aussage 1 verletzt wird.

Zu einem Wert von p gibt es also genau einen Wert zu a_1,a_2 bzw. a_n, das heißt p identifiziert die anderen Datenelemente der Datengruppe. (Abb. 2 — 10)

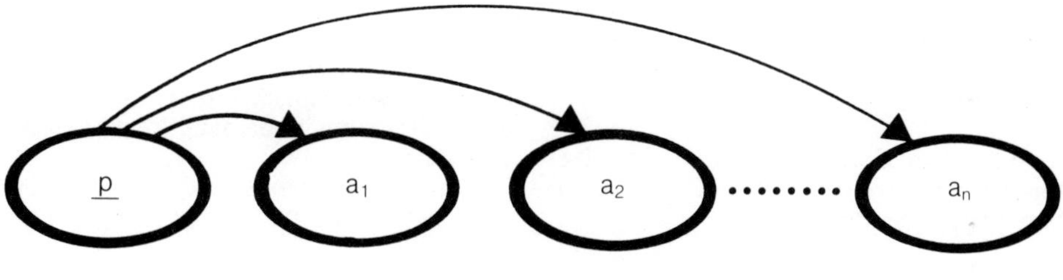

Abb. 2 — 10 primary key

Besteht der Schlüssel nicht nur aus einem Datenelement, sondern aus einer Kombination mehrerer Datenelemente, so spricht man von einem „concatinated key“. Wir stellen ihn so dar, daß wir die Namen seiner Datenelemente durch das „+“-Zeichen verketten, sie in eine gemeinsame Ellipse schreiben und diese in bekannter Weise durch Assoziationen mit anderen Datenelementen verknüpfen. Der Wert eines concatinated key setzt sich aus der Kette der einzelnen Werte seiner Datenelemente zusammen.

Beispiel 6: primary key

Gegeben ist die Datengruppe TEILEDATEN, die aus den Datenelementen TEILENR., FORM und FARBE besteht. (Abb. 2 — 11)

Außerdem sind die Werte für diese Datenelemente in Form einer Tabelle gegeben.

TEILENR	FORM	FARBE
1	△	BLAU
2	□	ROT
3	○	GELB
4	○	GRÜN
5	□	BLAU
6	△	GRÜN
7	△	ROT

Zeige, daß das Datenelement TEILENR. primary key der Datengruppe ist.

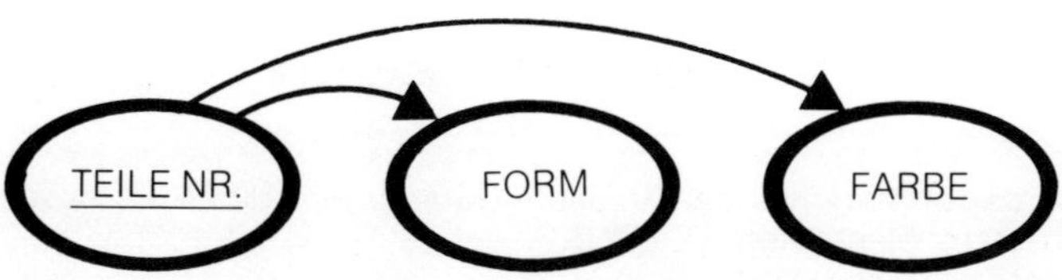

Abb. 2 — 11 Teiledaten

Lösung:

Der Wert des Datenelementes TEILENR. identifiziert eindeutig eine Zeile der Tabelle, d. h. zu einem Wert von TEILENR. gibt es nur eine Zeile in der Tabelle.

In einer Zeile der Tabelle gibt es nur einen Wert für FORM und FARBE. Daraus folgt, daß es für einen Wert von TEILENR. nur einen Wert für FORM und FARBE in der Tabelle gibt.

Beispiel 7: primary concatinated key

Gegeben ist die Datengruppe PREISLISTE, die aus den Datenelementen TEILENR., LIEFERANT und PREIS besteht. (Abb. 2 — 12)

Außerdem sind die Werte für die Datenelemente in Form einer Tabelle gegeben. (Abb. 2 — 13)

Abb. 2 — 12 Preisliste

TEILENR	LIEFERANT	PREIS
1	A	10.–
2	A	20.–
2	B	18.–
3	C	70.–
4	A	58.–
4	C	61.–
4	D	61.–
5	B	17.–
6	C	23.–
7	E	29.–

Abb. 2 — 13 Preistabelle

Zeige, daß der primary key der Preisliste aus den Datenelementen TEILENR. und LIEFERANT besteht.

Lösung:

Da ein Teil von mehreren Lieferanten bezogen werden kann, die dafür unterschiedliche Preise verlangen, muß man sowohl den Wert von TEILENR. als auch den von LIEFERANT kennen, um den Preis eines Teils eindeutig festlegen zu können.

Der candidate key

In manchen Datengruppen gibt es mehrere Schlüssel, von denen ein jeder die Rolle des primary key übernehmen kann. Man nennt diese Schlüssel candidate keys und wählt einen von ihnen als primary key der Datengruppe.

Die candidate keys sind untereinander und damit auch mit dem primary key der Datengruppe durch 1:1 Assoziationen verknüpft.

Beispiel 8: candidate key

In einer Personalstammdatei mit dem primary key PERSONALNUMMER werden die Datenelemente

PERSONALNUMMER
SOZIALVERSICHERUNGSNUMMER
STEUERKLASSE und
GEHALT

gespeichert. Da es zu einer PERSONALNUMMER nur eine SOZIALVERSICHERUNGSNUMMER gibt und umgekehrt, kann man die Personalstammdaten sowohl durch die PERSONALNUMMER als auch durch die SOZIALVERSICHERUNGSNUMMER eindeutig identifizieren.

Wähle aus der Menge der candidate keys {PERSONALNUMMER, SOZIALVERSICHERUNGSNUMMER} die PERSONALNUMMER als primary key und stelle die Datengruppe grafisch dar.

Lösung:

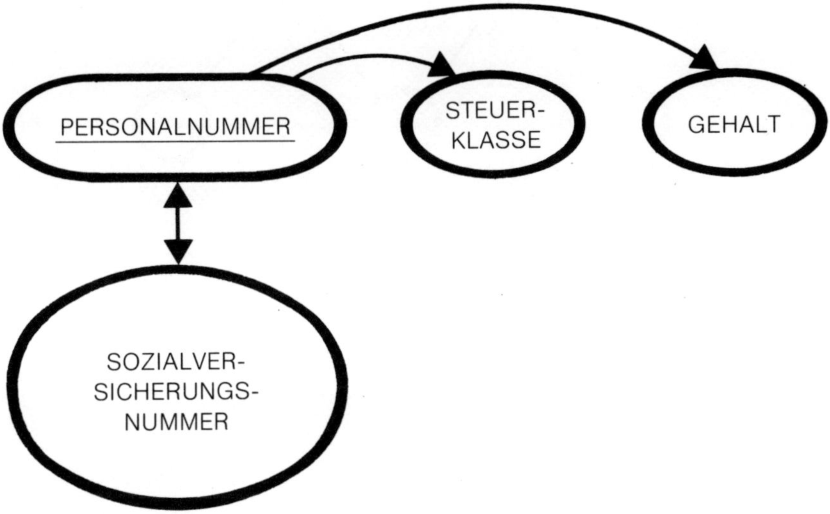

Abb. 2 — 14 Personalstammdaten

Beispiel 9: concatinated candidate keys

Eine Stückliste nennt die Teile, aus denen ein übergeordnetes Teil besteht: (Abb. 2 — 15)

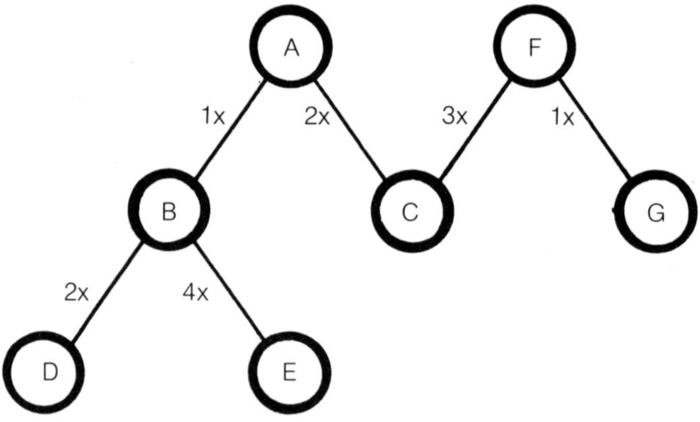

Abb. 2 — 15 Stückliste

So besteht zum Beispiel

das Teil A aus 1 Teil B und 2 Teilen C
das Teil B aus 2 Teilen D und 4 Teilen E und
das Teil F aus 3 Teilen C und 1 Teil G

Um die Menge M zu identifizieren, in der Teil X2 ins übergeordnete Teil X1 eingeht, gibt es zwei Möglichkeiten:

— man identifiziert M durch den concatinated key, der aus der übergeordneten Teilenummer X1 und der zugeordneten Teilenummer X2 besteht

— man identifiziert M durch den concatinated key, der aus der übergeordneten Teilenummer X1 und einer Positionsnummer P besteht, die alle zugeordneten Teilepositionen von X1 durchnummeriert

Wähle aus der Menge der candidate keys {X1 + X2, X1 + P} die übergeordnete Teilenummer X1 und die Positionsnummer P als primary key und stelle die Datengruppe grafisch dar.

Lösung:

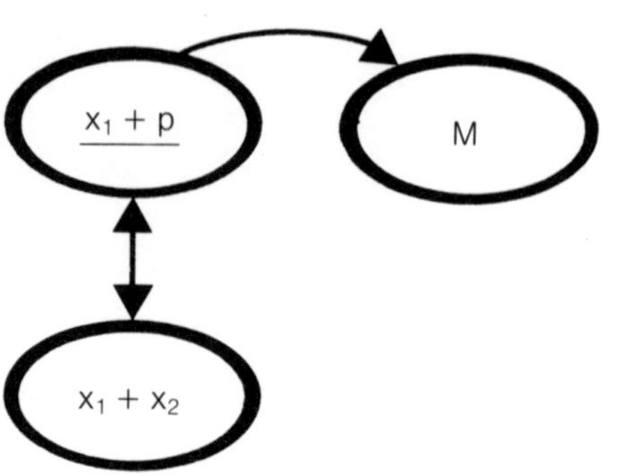

Der secondary key (Sekundärschlüssel)

Der secondary key s ist ein Datenelement oder eine Kombination von Datenelementen einer Datengruppe. Zwischen ihm und dem primary key der Gruppe besteht eine 1:M Assoziation. Zu einem Wert von s gibt es also einen oder mehrere Werte von p.

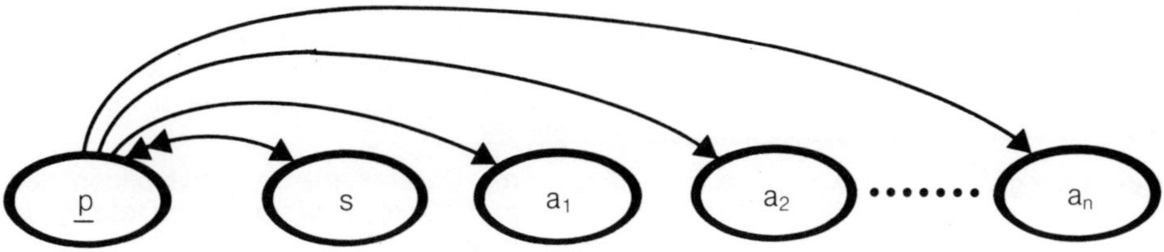

Abb. 2 — 16 secondary key

Beispiel 10:

Gegeben ist die Datengruppe TEILEDATEN, die aus den Datenelementen TEILENUMMER, FORM und FARBE besteht. (Abb. 2 — 17)

Außerdem sind die Werte für diese Datenelemente in Form einer Tabelle gegeben: (Abb. 2 — 18)

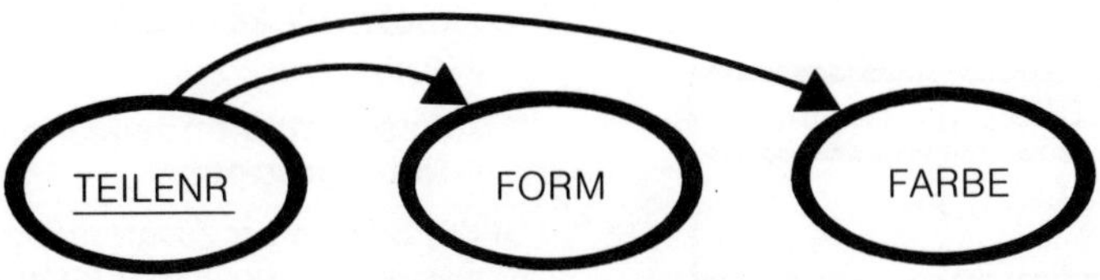

Abb. 2 — 17 Teiledaten

TEILENR	FORM	FARBE
1	△	BLAU
2	□	ROT
3	○	GELB
4	○	GRÜN
5	□	BLAU
6	△	GRÜN
7	△	ROT

Abb. 2 — 18

Zeige mit Hilfe von invertierten Listen, daß zwischen den secondary keys FORM und FARBE und dem primary key TEILENUMMER eine 1:M Assoziation besteht.

Lösung:

L1:

FORM	TEILENR
△	1 6 7
□	2 5
○	3 4

L2:

FARBE	TEILENR
BLAU	1 5
GELB	3
GRÜN	4 6
ROT	2 7

Die invertierte Liste L1 zeigt, daß zwischen FORM und TEILENUMMER eine 1:M Assoziation besteht. So identifiziert z. B. die FORM „△“ die Tabellenzeilen mit den TEILENUMMERN 1, 6 und 7.

Die invertierte Liste L2 zeigt, daß zwischen FARBE und TEILENUMMER ebenfalls eine 1:M Assoziation besteht. So identifiziert z. B. die FARBE „blau“ die Tabellenzeilen mit den TEILENUMMERN 1 und 5.

Der foreign key (Fremdschlüssel)

Ein Datenelement oder eine Kombination von Datenelementen einer Datengruppe A heißt „foreign key“ f, wenn folgendes gilt: /6/

— die Datenelemente von f bilden den primary key einer anderen Datengruppe B
— zwischen dem foreign key in A und dem primary key in B besteht eine M:1 Assoziation

Beispiel 11: foreign key

Gegeben ist ein Ausschnitt aus der Datenstruktur von Beispiel 5. (Abb. 2 — 19)

Der foreign key (Arbeitsplatz APZ) verknüpft die Datengruppen ARBEITSFOLGEDATEN und ARBEITSPLATZDATEN durch eine M:1 Assoziation, d. h. daß an einem Arbeitsplatz mehrere Arbeitsfolgen durchgeführt werden können.

2.3.2 Attribute

Attribute sind Datenelemente einer Datengruppe, die keine Schlüssel sind.

2.4 Assoziationen zwischen Datengruppen

Dadurch, daß wir zusammengehörige Datenelemente und Assoziationen in Datengruppen „versteckt“ haben, haben wir folgendes erreicht:

— die Struktur der Daten ist übersichtlich geworden
— wir müssen unsere Aufmerksamkeit nur mehr den Datengruppen und den Assoziationen widmen, die sie verknüpfen
— die Assoziationen zwischen den Datengruppen sind identisch mit den Assoziationen zwischen den Schlüsseln der Datengruppen

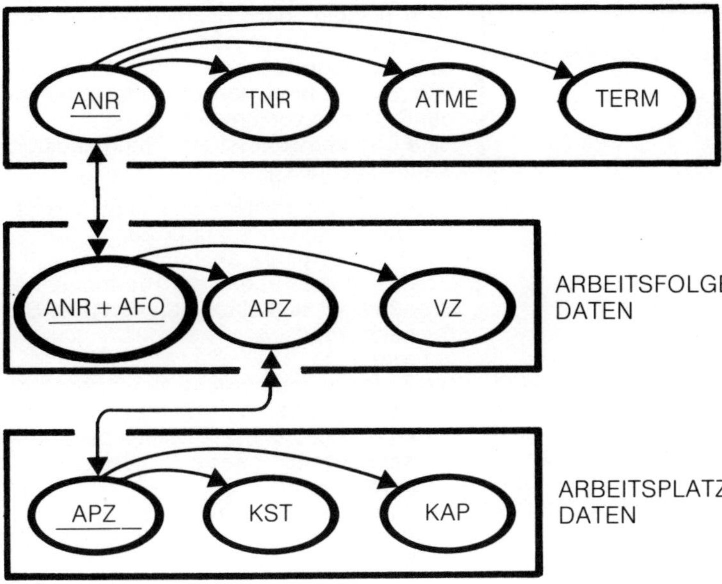

Abb. 2 — 19 foreign key

Die logische Beschreibung der Datenbank, das sogenannte „Schema" setzt sich aus Datenstrukturen zusammen, deren Bausteine Datengruppen und ihre Assoziationen sind.

Dabei müssen wir scharf zwischen dem Schema der Daten und ihren Werten unterscheiden. Das Schema kann man mit einem Rahmen vergleichen, der die einzelnen Werte der Datenelemente aufnimmt. Während das Schema fest bleibt, ändern sich die Werte der Datenelemente, wenn die Datenbank verwaltet wird.

Wäre es möglich, die Datenbank mit den Werten ihrer Datenelemente zu fotografieren, so erhielte man eine Momentaufnahme aller Werte, die zu diesem Zeitpunkt im Schema vorkommen. Wir wollen daher diese Momentaufnahme „Vorkommen des Schemas" nennen.

Beispiel 12: Preisliste

Gegeben ist die Datengruppe PREISLISTE aus Beispiel 7 mit den Werten ihrer Datenelemente. Stelle das Schema und das Vorkommen des Schemas dar.

Lösung:

Abb. 2 — 20 Schema der Preisliste

TEILENR	LIEFERANT	PREIS
1	A	10.–
2	A	20.–
2	B	18.–
3	C	70.–

Abb. 2 — 21 Vorkommen des Schemas Preisliste

In der Zielsetzung in Kapitel 1 haben wir behauptet, daß wir alle Datenstrukturen darstellen können, welche sich aus den Funktionen der Anwendersoftware ableiten. Nun wollen wir unsere Behauptung beweisen. Dazu stellen wir die Grundtypen der Datenstrukturen vor und zeigen, wie wir sie mit Hilfe von Datengruppen und Assoziationen zusammensetzen können.

2.4.1 Baumstrukturen

Die Baumstruktur ist eine der einfachsten und am leichtesten zu verstehenden Datenstrukturen.

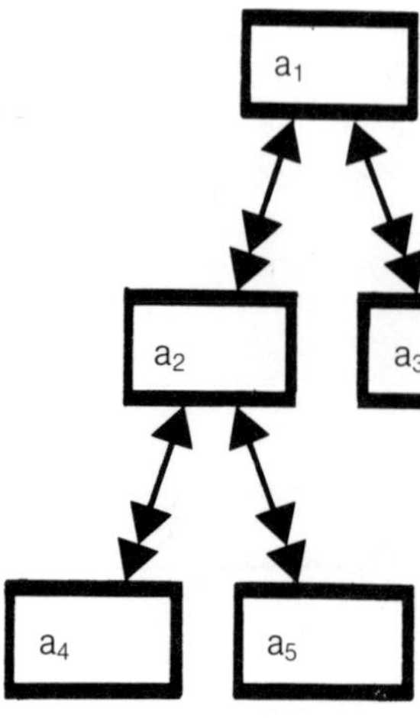

Von den Datenbanksystemen, die in der Praxis eingesetzt werden, hat IMS /8/ die Terminologie der Baumstrukturen am stärksten geprägt. Seiner Begriffswelt sind die Begriffe „root", „parent", „child" und „leaf" entnommen, die in nachstehender Definition vorkommen:
Eine Datenstruktur ist eine Baumstruktur, wenn folgendes gilt:

1.) Ein Baum besteht aus einer Hierarchie H von Datengruppen a_i
$H = \{ a_1, a_2, a_3, a_4, a_5 \}$
2.) Die oberste Ebene der Hierarchie besteht nur aus einer Datengruppe. Sie heißt „root".
root $= a_1$
3.) Zu jeder Datengruppe außer dem root gibt es genau eine Datengruppe, die ihr übergeordnet ist. Diese übergeordnete Datengruppe heißt „parent".
parent $(a_2, a_3) = a_1$
parent $(a_4, a_5) = a_2$
4.) Datengruppen, die keine parents sind heißen „leaves".
leaves $= \{a_3, a_4, a_5\}$
5.) Die einem parent untergeordneten Datengruppen heißen „children". Zwischen parent und child besteht eine 1:M Assoziation.
children $(a_1) = \{a_2, a_3\}$
children $(a_2) = \{a_4, a_5\}$

Beispiel 13: Baumstruktur

In einer Datenbank werden TEILEDATEN und LAGERBESTANDSDATEN gespeichert. Ein Teil kann an mehreren Lagerorten liegen, aber an einem Lagerort kann nur ein Teil liegen. Die Datengruppen sind folgendermaßen aufgebaut:

T: TEILEDATEN
   TNR: TEILENUMMER
   TBZ: TEILEBEZEICHNUNG

L: LAGERBESTANDSDATEN
   TNR: TEILENUMMER
   LO: LAGERORT
   LB: BESTANDSMENGE

Der primary key in jeder Datengruppe ist unterstrichen. Stelle die Datenstruktur grafisch dar.

Lösung:

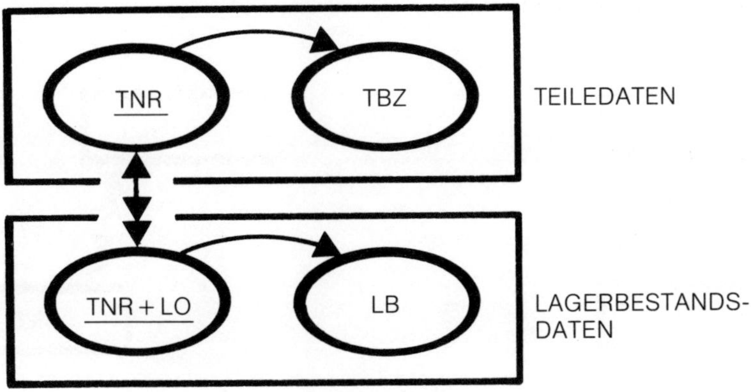

Abb. 2 — 22 Baumstruktur

2.4.2 Die Netze

Eine Netzstruktur unterscheidet sich von einer Baumstruktur dadurch, daß ein child mehr als ein parent hat.

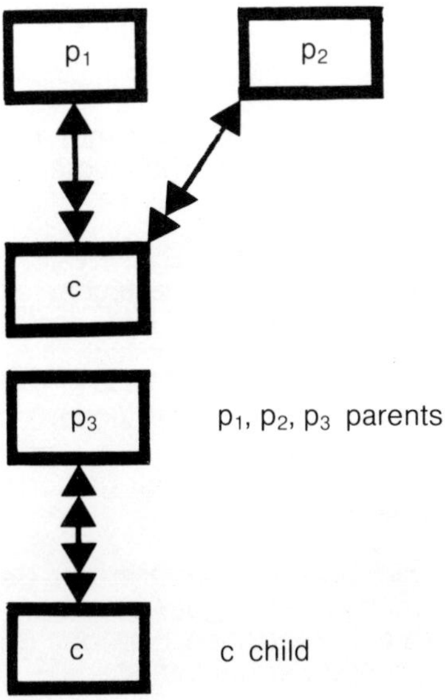

Es gibt einfache und komplexe Netze.

Einfache Netze

Eine Datenstruktur ist ein einfaches Netz, wenn ihr Schema folgendermaßen aufgebaut ist:

1.) zu mindestens einem child gibt es mehr als ein parent
2.) zwischen parent und child besteht eine 1:M Assoziation
3.) ein child kann parent eines anderen childs sein

Beispiele für einfache Netze:

Beispiel 14

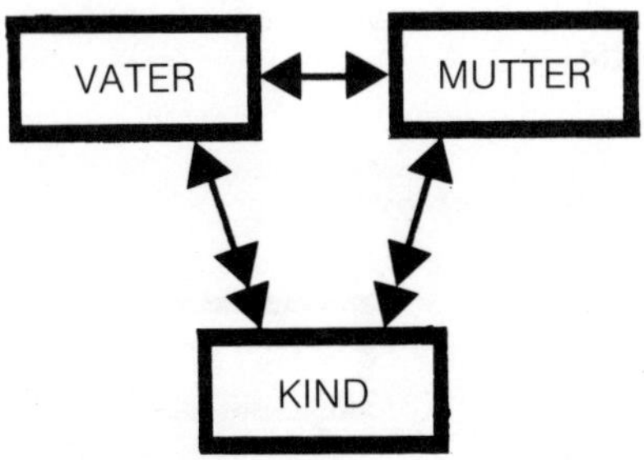

Beispiel 15

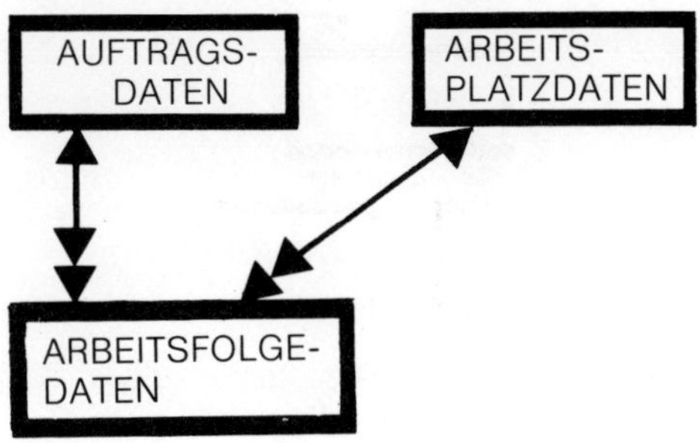

Komplexe Netze

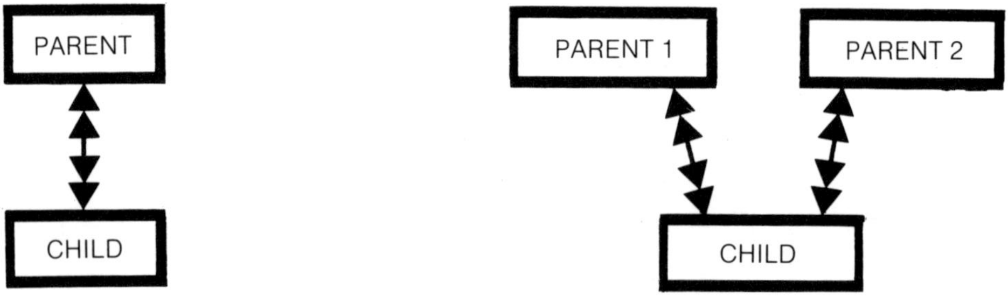

Abb. 2 — 23 komplexe Netze

Eine Datenstruktur ist ein komplexes Netz, wenn ihr Schema folgendermaßen aufgebaut ist:

1.) zu einem child kann es mehr als ein parent geben
2.) zwischen mindestens einem parent und mindestens einem child besteht eine M:N Assoziation
3.) ein child kann parent eines anderen child sein

Beispiel 16: komplexes Netz

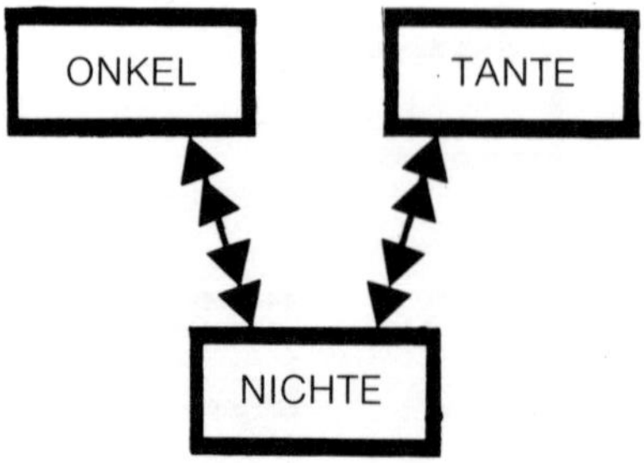

Beispiel 17: Intersection-Daten

In den meisten Fällen sind zusätzliche Angaben notwendig, um eine M:N Assoziation zwischen zwei Datengruppen zu beschreiben. Ein einfaches Beispiel dafür ist die Auftragsstruktur aus Beispiel 5: (Abb. 2 — 24)

Der Auftrag A1 kann nur gestartet werden, wenn das benötigte Material vorhanden ist, d. h.

— die Teileposition B ist in der Bedarfsmenge 1 verfügbar
— die Teileposition C ist in der Bedarfsmenge 2 verfügbar
— die Teileposition D ist in der Bedarfsmenge 3 verfügbar

Der Auftrag A2 kann nur gestartet werden, wenn

— die Teileposition D in der Bedarfsmenge 2 verfügbar ist
— die Teileposition E in der Bedarfsmenge 5 verfügbar ist

Prüfe, ob diese Bedarfsmengen in der Gruppe der Auftragsdaten oder in der

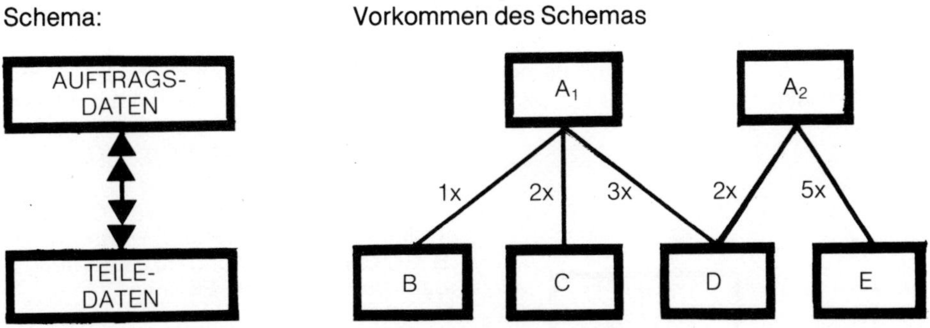

Abb. 2 — 24 Auftragsstruktur

Gruppe der Materialdaten gespeichert werden sollen.

Lösung:

Um die Bedarfsmengen eindeutig zu identifizieren, reicht weder der Schlüssel der Auftragsdaten noch der Schlüssel der Teiledaten aus. Deshalb gehört diese Menge logisch weder zur Gruppe der Auftragsdaten noch zur Gruppe der Teiledaten.

Sie gehört logisch zu einer Datengruppe, die die M:N Assoziation beschreibt und die durch die Schlüssel der durch die Assoziation verknüpften Datengruppen identifiziert wird. Man nennt solche Daten „Intersection-Daten".

Dazu zerlegen wir die M:N Assoziation in eine M:1 und eine 1:N Assoziation und fügen zwischen die Auftragsdaten und die Teiledaten eine neue Datengruppe ein, die Intersection-Daten „Reservierungen". (Abb. 2 — 25)

Die Reservierungen stellen sicher, daß zum Auftragsstart alle Teilepositionen des Auftrags in der benötigten Menge verfügbar sind.

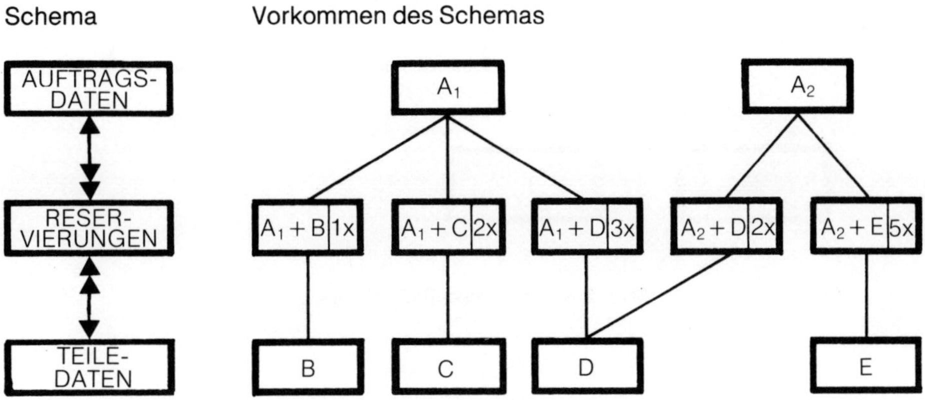

Abb. 2 — 25 Auftragsstruktur mit Reservierungen

Beispiel 18: Implementierung von Stücklistenstrukturen

Die Stücklistenstruktur ist eine komplexe Netzstruktur. Sie kann durch folgendes Schema rekursiv beschrieben werden:

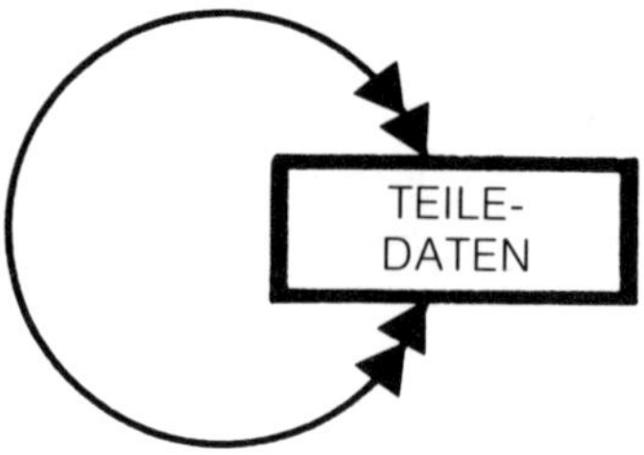

Die Pfeilspitzen oberhalb des Rechtecks sagen aus, daß ein Teil in mehrere andere eingebaut werden kann (Verwendung).

Die Pfeilspitzen unterhalb des Rechtecks sagen aus, daß ein Teil aus mehreren anderen zusammengebaut werden kann (Stücklistenpositionen).

So wird zum Beispiel Teil C in den Teilen A und F verwendet, während Teil B aus den Teilen D und E zusammengebaut wird. (Abb. 2 — 26)

Zeige, wie sich eine solche Datenstruktur

— in einer DBOMP-Datenbank
— in einer IMS-Datenbank und
— in einer CODASYL-orientierten Datenbank

implementieren läßt.

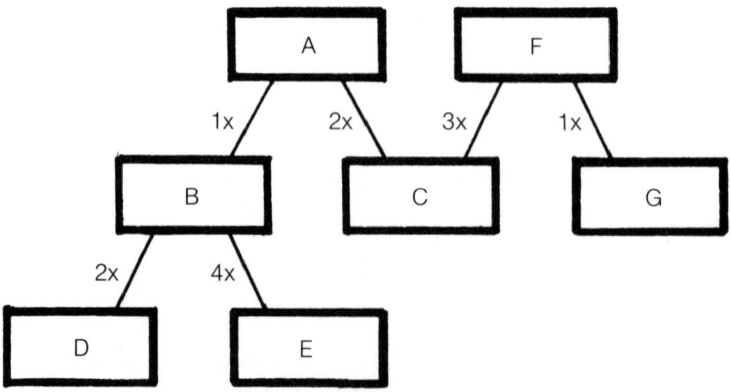

Abb. 2 — 26 Stücklistenstruktur

Lösung:

Implementierung in einer DBOMP-Datenbank

Die theoretische Grundlage für den DBOMP-Stücklistenprozessor /7/ besteht darin, daß die M:N Assoziation zwischen den Teiledaten durch zwei Assoziationen zwischen den Teiledaten und ihren Intersection-Daten, den „Strukturdaten" aufgelöst wird, nämlich: (Abb. 2 — 27)

— durch die 1:N Assoziation zwischen Teiledaten und Strukturdaten (Verwendung) und
— durch die 1:M Assoziation zwischen Teiledaten und Strukturdaten (Stücklistenpositionen)

Der Schlüssel der Teiledaten ist das Datenelement X, die Teilenummer.

Der Schlüssel der Strukturdaten ist der concatinated key X1 + X2. Das Datenelement X2 ist die Teilenummer des Teils, das in der Menge m in das übergeordnete Teil mit der Teilenummer X1 eingeht.

Zu einem Wert von X1 kann es mehrere Werte von X2 geben, so wird das Teil X1 = A aus den Teilen X2 = B und X2 = C zusammengebaut (Stücklistenpositionen).

Genauso kann es zu einem Wert von X2 mehrere Werte von X1 geben. In unserem Beispiel wird das Teil X2 = C sowohl ins Teil X1 = A als auch ins Teil X1 = F eingebaut (Verwendungskette).

Schema

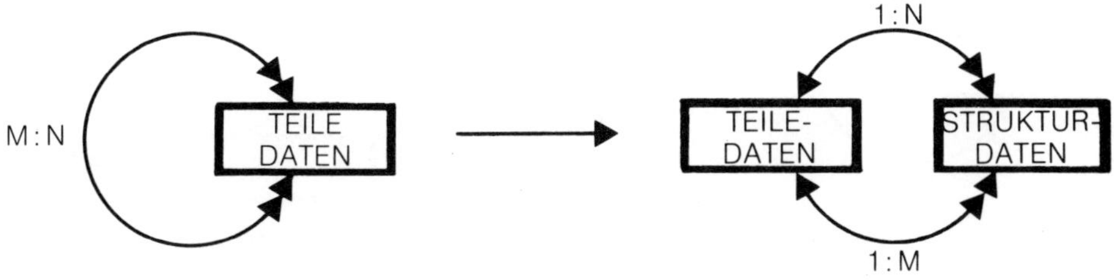

Vorkommen des Schemas

Teiledaten

X
A
B
C
D
E
F
G

Strukturdaten

X1	X2	m
A	B	1X
A	C	2X
B	D	2X
B	E	4X
F	C	3X
F	G	1X

Abb. 2 — 27 Implementierung in einer DBOMP-Datenbank

Implementierung unter IMS (physical pairing)

Die theoretische Grundlage für diese Lösung /8/ besteht darin, daß die M:N Assoziation zwischen den Teiledaten in folgender Weise aufgebrochen wird: (Abb. 2 — 28)

— durch eine 1:N Assoziation zwischen den Teiledaten und dem Pointersegmenttyp „Verwendung" und eine 1:1 Assoziation zwischen diesem Segmenttyp und den Teiledaten
— durch eine 1:M Assoziation zwischen den Teiledaten und dem Pointersegmenttyp „Stücklistenposition" und eine 1:1 Assoziation zwischen diesem Segmenttyp und den Teiledaten

Der Schlüssel der Teiledaten ist das Datenelement X, die Teilenummer.

Der Schlüssel der Verwendungsdaten ist der concatinated key X2 + X1, der Schlüssel der Stücklistenpositionen der concatinated key X1 + X2.

Das Datenelement X2 ist die Teilenummer des Teils, das in der Menge m in das übergeordnete Teil mit der Teilenummer X1 eingeht.

Schema:

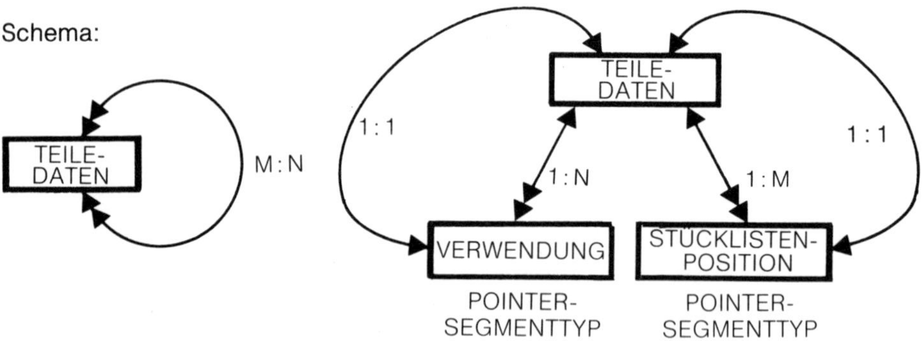

Vorkommen des Schemas:

Teiledaten

X
A
B
C
D
E
F
G

Verwendungen

X2	X1	m
B	A	1X
C	A	2X
C	F	3X
D	B	2X
E	B	4X
G	F	1X

Stücklistenpositionen

X1	X2	m
A	B	1X
A	C	2X
B	D	2X
B	E	4X
F	C	3X
F	G	1X

Abb. 2 — 28 Implementierung unter IMS

Im Gegensatz zum DBOMP sind Stücklistenpositionskette und Verwendungskette in zwei verschiedenen Datengruppen redundant gespeichert.

Implementierung in einer CODASYL-Datenbank

Wir lösen die M:N Assoziation wie im DBOMP-Beispiel auf und speichern die Teiledaten und die Strukturdaten als getrennte Satzarten: (Abb. 2 — 29)

Nun definieren wir zwei verschiedene CODASYL-Sets /9/ für die Stücklistenpositionen und die Verwendung.
Im Set „Stücklistenpositionen" werden die Teiledaten (OWNER-Satzart) mit den Strukturdaten (MEMBER-Satzart) durch die 1:M Assoziation verknüpft.
Im Set „Verwendung" werden die Teiledaten (OWNER-Satzart) mit den Strukturdaten (MEMBER-Satzart) durch die 1:N Assoziation verknüpft.
Das Vorkommen des Schemas stimmt wieder genau mit dem im DBOMP-Beispiel überein.

Schema

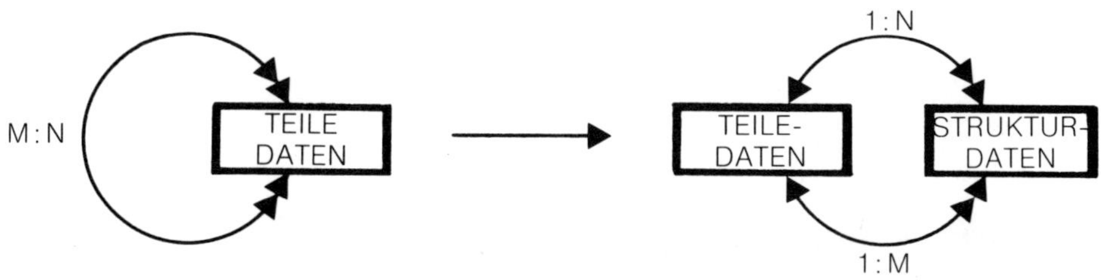

Abb. 2 — 29 Implementierung in einer CODASYL-orientierten Datenbank

3. Die Konstruktion stabiler Datenstrukturen

Erinnern wir uns zurück an unsere Zielsetzung in Kapitel 1. Wir haben gefragt, wieweit die Theorie der Relationalen Datenbanken dazu beitragen kann, die folgenden betriebswirtschaftlichen Ziele zu erreichen:

— Senken der Kosten für die Betreuung von Anwendersoftware und
— Verbessern der Qualität der Anwendersoftware hinsichtlich Effizienz und Benutzerfreundlichkeit.

In diesem Kapitel wird eine Methode vorgestellt, die es ermöglicht, Datenelemente so zu Datengruppen zusammenzufassen, daß sich Datenstrukturen mit den folgenden Eigenschaften ergeben:

— Die Datenstrukturen sind in sich besonders stabil und unanfällig gegen Änderungen. Dadurch wird der Aufwand für die Pflege von Anwendersoftware reduziert.
— Die Datenstrukturen sind soweit wie logisch möglich voneinander entkoppelt. Dadurch wird einerseits dem Benutzer ein Höchstmaß an Flexibilität bei der Verwaltung der Daten geboten, andererseits das Ausmaß von Softwareänderungen begrenzt.
— Alle Datenelemente mit Ausnahme der Schlüssel werden redundanzfrei gespeichert. Dadurch wird Speicherplatz und Rechenzeit effizienter ausgenutzt.

Der Prozeß der Zusammenfassung läßt sich in drei Schritte gliedern:

3.1 Die Herleitung der ersten Normalform
3.2 Die Herleitung der zweiten Normalform
3.3 Die Herleitung der dritten Normalform

Das Ergebnis des Entwurfsprozesses sind Datenstrukturen, die in der dritten Normalform stehen. Sie heißen kanonische Datenstrukturen.

3.1 Die Herleitung der ersten Normalform

Datenelemente oder Kombinationen von Datenelementen, die sich innerhalb einer Datengruppe wiederholen, führen häufig dazu, daß die Wiederholungen die Gruppe sprengen und als eigene Datengruppe ausgelagert werden müssen.

In unserem Beispiel kommt die Kombination der Datenelemente f_3, f_4 und f_5 in der Datengruppe wiederholt vor.

Bei der Überführung der Datengruppe

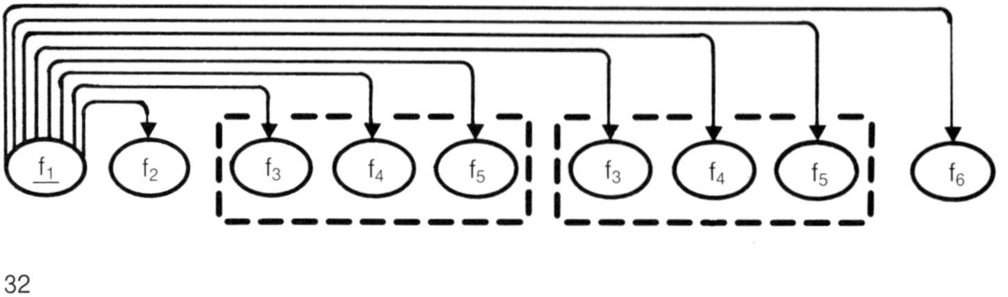

in die erste Normalform wird diese Instabilität dadurch beseitigt, daß man die Wiederholungen von vornherein als eigene Datengruppe auslagert.

Eine Datenstruktur steht also in der ersten Normalform, wenn folgendes gilt:

1.) Jedes Datenelement einer Datengruppe hat einen eindeutigen Namen, d. h. innerhalb einer Datengruppe darf sich ein und dasselbe Datenelement nicht wiederholen.
2.) Jede Datengruppe besitzt einen primary key.
3.) Sind verschiedene Datengruppen durch Assoziationen miteinander verknüpft, so erfolgt diese Verknüpfung durch logische Verweise (Schlüssel) und nicht durch physische Adresspointer.

Beispiel 19

Die Datengruppe „Teiledaten" beschreibt ein Teil und seine Lagerbestandsdaten. Die Teiledaten werden durch die Teilenummer TN identifiziert. (Abb. 3 — 1)
Ein Teil kann derzeit an zwei verschiedenen Lagerorten LO liegen, aber an einem Lagerort kann nur ein Teil liegen. Der Lagerbestand LB wird durch den Lagerort LO eindeutig identifiziert.

In der Zukunft soll es möglich sein, daß ein Teil nicht nur an zwei, sondern an mehreren Lagerorten gelagert werden kann. Das zwingt uns dazu, die Daten neu zu strukturieren.

Führe das obige Schema in die erste Normalform über und beachte, daß zwischen Teilenummer und Lagerort eine 1:M Assoziation besteht.

Lösung:

Das Datenelement TN wird in die Gruppe der Bestandsdaten aufgenommen, um die Teiledaten und die Bestandsdaten durch eine 1:M Assoziation zu verknüpfen: (Abb. 3 — 2)

— als secondary key zeigt TN die Lagerorte an, an denen das Teil gelagert ist
— als foreign key identifiziert es das Teil, das an einem Lagerort liegt

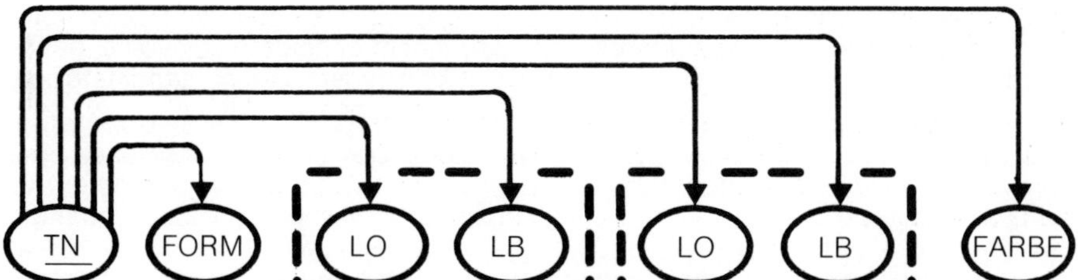

Abb. 3 — 1 Datenstruktur vor Normalisierung

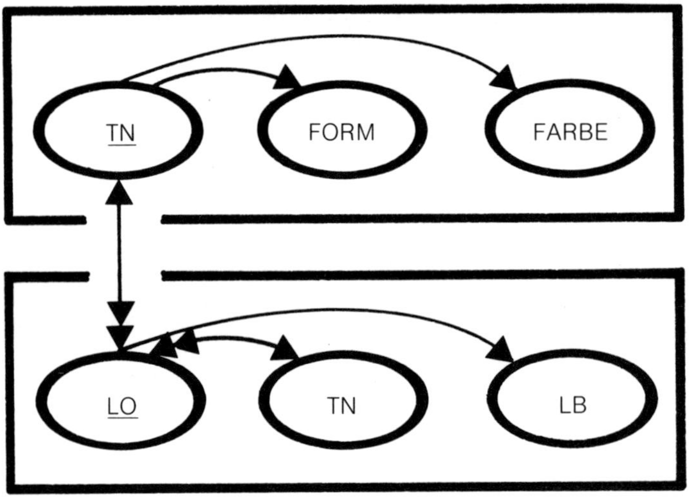

Abb. 3 — 2 Datenstruktur in der ersten Normalform

3.2 Die Herleitung der zweiten Normalform

Besteht der primary key einer Datengruppe T aus mehreren Datenelementen, so kann es vorkommen, daß ein Teil T_1 der Datenelemente von T bereits von einem Teil des Schlüssels und der andere Teil T_2 erst vom gesamten Schlüssel identifiziert wird.

Eine solche Datengruppe trägt den Keim für ihren Zerfall bereits in sich. Es ist zu erwarten, daß sie in die Datengruppen T_1 und T_2 zerfällt. (Abb. 3 — 3)

Das wird vermieden, wenn Datengruppen in der zweiten Normalform stehen.

Eine Datengruppe G steht in der zweiten Normalform, wenn folgende Aussagen zutreffen: /10/

1.) G steht in der ersten Normalform
2.) Jedes Datenelement von G, das nicht zu einem candidate key von G gehört, ist von jedem dieser candidate keys voll funktional abhängig.

Um diese Definition zu verstehen, muß man wissen, wann ein Datenelement voll funktional von einem Schlüssel abhängt.

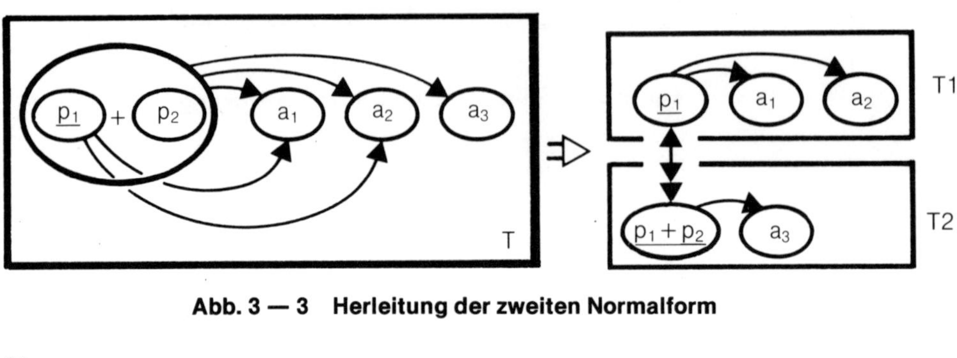

Abb. 3 — 3 Herleitung der zweiten Normalform

Funktionale Abhängigkeit

Ein Datenelement a einer Datengruppe G hängt funktional von einem Datenelement p ab, wenn es zu einem Wert von p genau einen Wert von a gibt.

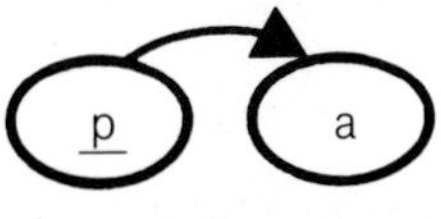

Volle funktionale Abhängigkeit

Eine Menge M_a von Datenelementen einer Datengruppe G hängt voll funktional von einer anderen Menge M_p derselben Datengruppe ab, wenn folgendes gilt:

1.) $M_a \cap M_p = O$, d. h. die Mengen haben keine Datenelemente gemeinsam.
2.) Jedes Datenelement aus M_a hängt funktional von M_p, nicht jedoch von einer Untermenge von M_p ab.

Die Menge M_p enthält die Datenelemente des concatinated key
$M_p = \{p_1, p_2\}$

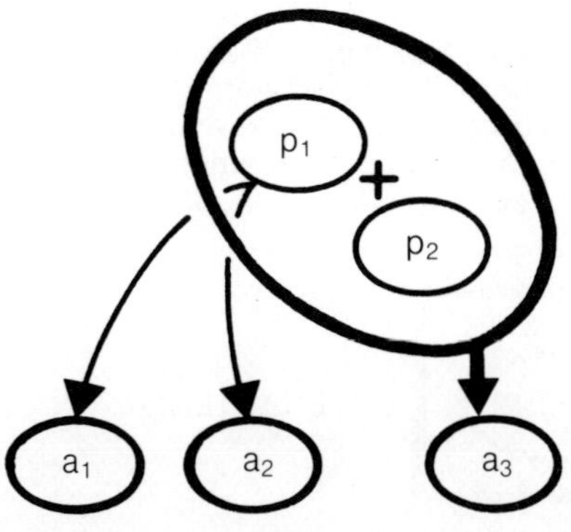

Die Menge M_a enthält alle Datenelemente, die vom concatinated key $p_1 + p_2$ voll funktional abhängen:
$M_a = \{a_3\}$
Die Menge M_c hängt vom concatinated key $p_1 + p_2$ nicht voll funktional ab:
$M_c = \{a_1, a_2, a_3\}$

Das liegt daran, daß eine Untermenge vom M_p nämlich p_1 ausreicht, um a_1 und a_2 zu identifizieren.

Beispiel 20:

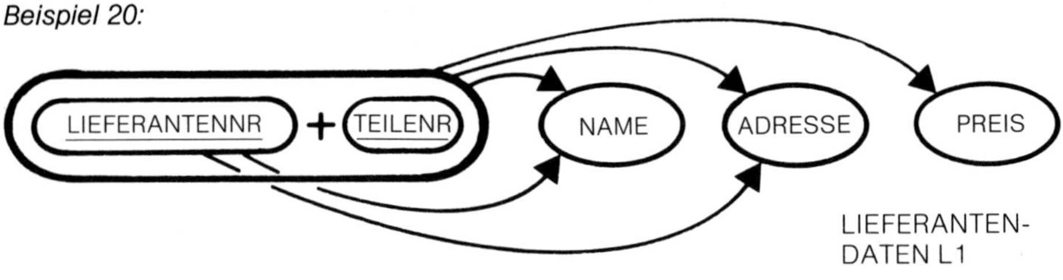

Abb. 3 — 4 Datenstruktur in der 1. Normalform

Die Datengruppe LIEFERANTENDATEN steht in der ersten Normalform. (Abb. 3 — 4)

Der primary key der Gruppe besteht aus den Datenelementen LIEFERANTENNR. + TEILENR. Während NAME und ADRESSE des Lieferanten bereits eindeutig durch die LIEFERANTENR. identifiziert werden, kann der PREIS nur durch LIEFERANTENNR. und TEILENR. eindeutig bestimmt werden.

Wandle die Datengruppe in die zweite Normalform um und zeige, welche Vorteile sich daraus ergeben.

Lösung:

Entkoppelt man die Datenelemente, die bereits durch einen Teil des Schlüssels identifiziert werden, und lagert sie in eine eigene Datengruppe L2 aus, so ergeben sich die folgenden Vorteile:

1.) Der Benutzer muß *nur* die LIEFERANTENNR. kennen, um Name und Anschrift des Lieferanten zu speichern.
2.) Bezieht der Benutzer vorübergehend von einem Lieferanten keine Teile, so löscht er nur die PREISDATEN und verliert damit nicht zugleich Name und Anschrift des Lieferanten.
3.) Name und Anschrift des Lieferanten werden redundanzfrei gespeichert. (Abb. 3 — 5)

3.3 Die Herleitung der dritten Normalform

Identifiziert ein Datenelement q, das nicht zum primary key p einer Datengruppe gehört, andere Datenelemente der Gruppe, so ist zu erwarten, daß die Gruppe zerbricht und dieses Datenelement selbst primary key einer eigenen Datengruppe wird. (Abb. 3 — 6)

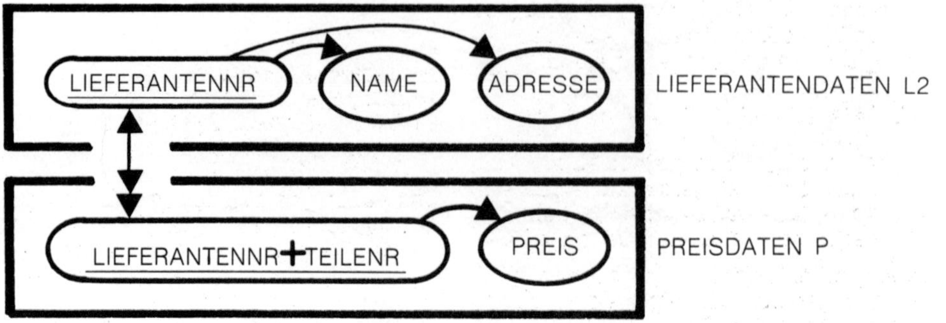

Abb. 3 — 5 Datenstruktur in der 2. Normalform

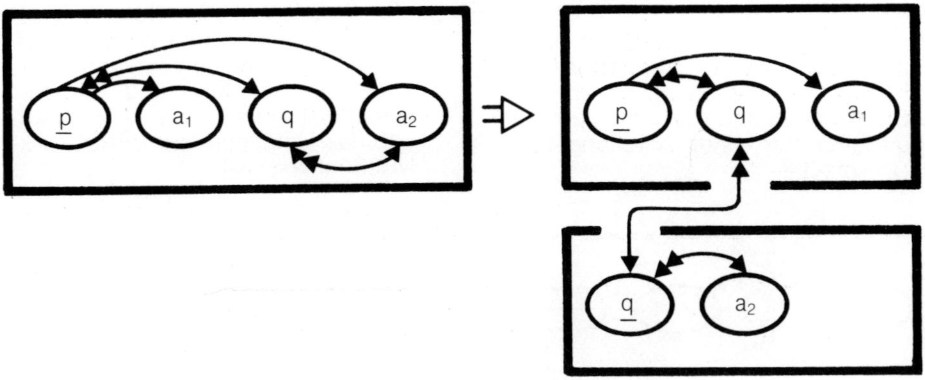

Abb. 3 — 6 Herleitung der dritten Normalform

Das wird vermieden, wenn die Datengruppe in der dritten Normalform steht.

Eine Datengruppe G steht in der dritten Normalform, wenn folgende Aussagen zutreffen /10/:

1.) G steht in der zweiten Normalform.
2.) Jedes Datenelement von G, das nicht zu einem candidate key von G gehört, hängt nichttransitiv von jedem dieser candidate keys ab.

Um diese Definition zu verstehen, muß man wissen, wann ein Datenelement von einem anderen transitiv abhängig ist.

Transitive Abhängigkeit

Gegeben sind die drei Datenelemente p, q und a einer Datengruppe G.

G: 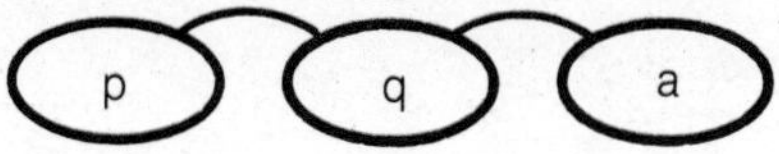

Das Datenelement a hängt transitiv von p ab, wenn folgendes gilt:

1.) a hängt funktional von q ab
2.) q hängt funktional von p ab
3.) mindestens eine der folgenden beiden Aussagen ist wahr:
   3.1 zwischen p und q besteht eine M:1 Assoziation
   3.2 zwischen q und a besteht eine M:1 Assoziation

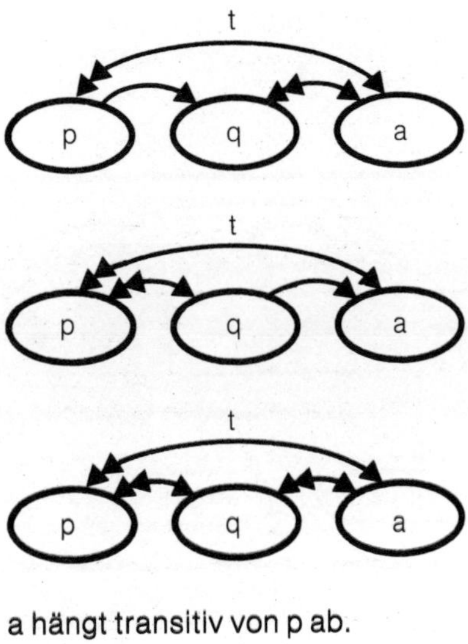

a hängt transitiv von p ab.

Beispiel 21:

Die Datengruppe PERSONALDATEN steht in der zweiten Normalform. Beachte, daß jede Abteilung nur an einem Standort beheimatet ist und daß jeder Mitarbeiter nur einer Abteilung angehört. (Abb. 3 — 7)

1.) In der ursprünglichen Datenstruktur P1 mußte man warten, bis ein Mitarbeiter der Abteilung bekannt war, ehe man Abteilung und Standort speichern konnte. Das lag daran, daß das Datenelement PERSONALNR. Schlüssel war.

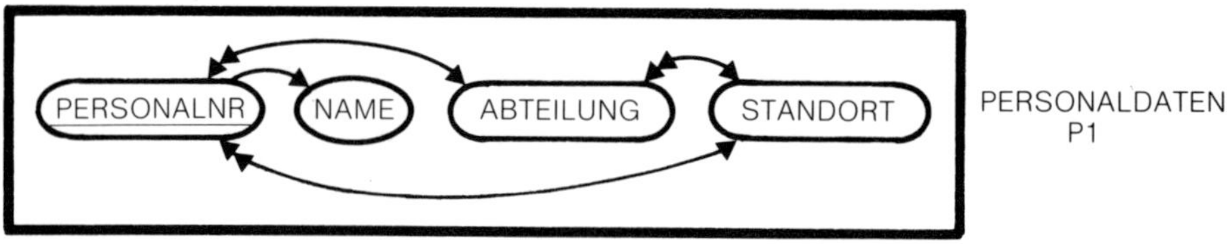

Abb. 3 — 7 Datenstruktur in 2. Normalform

Wandle die Datengruppe in die dritte Normalform um, und zeige welche Nachteile dadurch vermieden werden.

Lösung:

Das Datenelement STANDORT hängt über ABTEILUNG transitiv von der PERSONALNR. ab.

Entkoppelt man die Datenelemente, die transitiv vom Schlüssel abhängen, und lagert sie in eine eigene Datengruppe aus, so werden folgende Nachteile vermieden: (Abb. 3 — 8)

2.) Hat eine Abteilung vorübergehend keine Mitarbeiter, dann werden alle Sätze gelöscht. Wird der letzte Satz gelöscht, geht auch der Standort der Abteilung verloren, obwohl es wünschenswert sein könnte, diese Information zu behalten.

3.) Hat eine Abteilung mehrere Mitarbeiter, so wird der Standort redundant gespeichert. Das erhöht den Verwaltungsaufwand bei Änderungen.

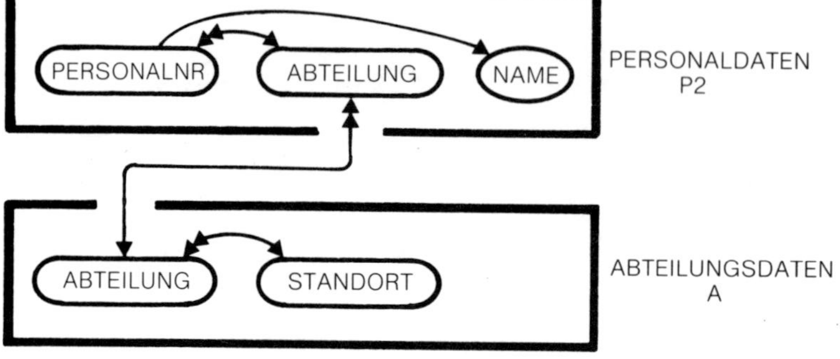

Abb. 3 — 8 Datenstruktur in 3. Normalform

3.4 Die kanonische Synthese

Die Struktur einer Datenbank ist kein statisches Gebilde. Sie unterliegt einem evolutionärem Wachstum. Neue Anwendungsprogramme benötigen Datenelemente oder Datenstrukturen, die noch nicht in der Datenbank gespeichert sind. Bestehende Anwendungsprogramme müssen geändert werden, und diese Änderungen können sich auf die Struktur der Datenbank auswirken.

Die kanonische Synthese /5/ ist eine Methode, die diese Tatsachen berücksichtigt. Sie geht von Datenstrukturen aus, die in der dritten Normalform stehen und baut die Änderungen so ein, daß die sich ergebenden neuen Datenstrukturen wieder in der dritten Normalform stehen.

Wir wollen diese Methode in zwei Schritten vorstellen:

3.4.1 Die Schemata einer Datenbank
3.4.2 Die Methode der kanonischen Synthese

Im ersten Schritt lernen wir die Schemata kennen, die bei der kanonischen Synthese eine Rolle spielen. Im zweiten Schritt wird die Methode selbst erklärt.

3.4.1 Die Schemata einer Datenbank

Damit sich Änderungen der Datenstrukturen so wenig wie möglich auf die bestehenden Anwendungsprogramme auswirken, werden moderne Datenbanksysteme mit dem Ziel entwickelt, die Anwendungsprogramme sowohl von der logischen Struktur der Datenbank als auch von ihrer physischen Speicherungsform soweit wie möglich zu isolieren.

Dies geschieht dadurch, daß man die folgenden Schemata der Datenbank getrennt voneinander beschreibt:

— das physische Schema
— das konzeptuelle Schema
— das Subschema
— die Sicht eines Benutzers auf die Daten der Datenbank

Was diese Schemata bedeuten und wie sie miteinander in Beziehung treten, soll das folgende Schaubild näher erläutern: (Abb. 3 — 9)

Das physische Schema

Das physische Schema S1 legt fest, wie die Daten der Datenbank auf den verschiedenen Speichermedien (zum Beispiel Magnetplatten) gespeichert werden. Dabei sollte man dieses Schema so entwerfen, daß kurze Zugriffszeiten zu gespeicherten Informationen sichergestellt und der verfügbare Speicher effizient genützt wird.

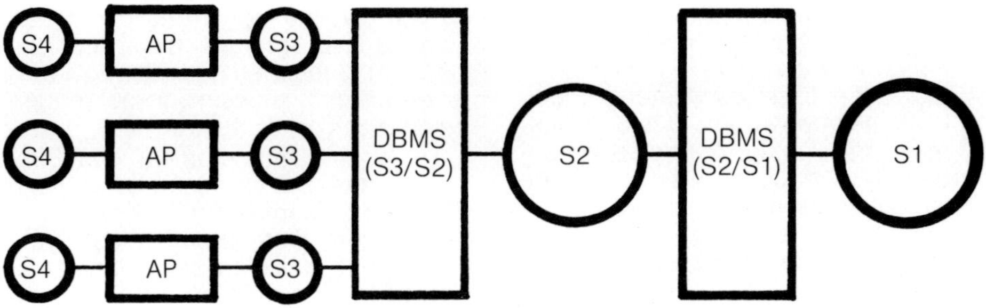

Abb. 3 — 9 DBMS Datenbankmanagementsystem

Das konzeptuelle Schema der Datenbank

Das konzeptuelle Schema S2 legt fest, aus welchen Datenelementen die einzelnen Datengruppen bestehen und welche Assoziationen die einzelnen Datengruppen der Datenbank verknüpfen. Hier sind die Stabilität und die Redundanzfreiheit als wichtigste Entwurfskriterien zu berücksichtigen.

Das Subschema

Ein Subschema S3 ist ein Ausschnitt aus dem konzeptuellen Schema der Datenbank. Es wählt für ein Anwenderprogramm *genau* die Datenelemente des konzeptuellen Schemas aus, die das Programm benötigt. Ein Subschema kann sich vom konzeptuellen Schema beispielsweise in den folgenden Punkten unterscheiden:

— in einer Datengruppe des Subschemas können Datenelemente fehlen, die es in der entsprechenden Datengruppe des konzeptuellen Schemas gibt.
— die Reihenfolge der Datenelemente in einer Datengruppe des Subschemas kann von der in der Datengruppe des konzeptuellen Schemas abweichen.
— die Formate der Datenelemente des Subschemas können von den Formaten der entsprechenden Datenelemente des konzeptuellen Schemas abweichen.
— in einer Datenstruktur des Subschemas können Datengruppen fehlen, die in der entsprechenden Datenstruktur des konzeptuellen Schemas vorkommen.
— die Reihenfolge der Datengruppen in einer Datenstruktur des Subschemas kann von der der entsprechenden Datenstruktur des konzeptuellen Schemas abweichen.

Die Sicht eines Benutzers auf die Daten der Datenbank

Das Schema S4 legt die Bildschirmformate bzw. die Listenbildformate fest, die die Sicht des Benutzers aus den Fachabteilungen auf die Daten der Datenbank beschreiben.

Die Beziehungen zwischen den einzelnen Schemata

Die Anwendungsprogramme AP haben die Aufgabe, die Daten aus dem Schema S4 in das Subschema S3 zu überführen oder aus S3 in S4 umzusetzen.

Die DBMS-Routine (S2/S1) hat die Aufgabe, die Daten des konzeptuellen Schemas S2 in das physische Schema S1 umzusetzen und umgekehrt. Ein Datenbanksystem, das es ermöglicht, S1 zu verändern, ohne daß sich diese Änderung auf S2 auswirkt, macht die Anwenderprogramme von der physischen Speicherung der Daten unabhängig. Solche Datenbanksysteme lassen sich einfach „tunen", d. h. in ihrer Leistungsfähigkeit (Zugriffszeiten) verbessern.

Die DBMS-Routine (S3/S2) hat die Aufgabe, die Daten aus dem konzeptuellen Schema S2 in das Subschema S3 zu extrahieren oder aus S3 nach S2 zu übertragen. Diese Routine bestimmt, inwieweit die Anwendungsprogramme vom konzeptuellen Schema der Datenbank unabhängig sind. (logische Datenunabhängigkeit)

Da sich dieses Buch schwerpunktmäßig mit dem logischen Design von Datenbanken beschäftigt, werden wir die Beziehung zwischen dem konzeptuellen und dem Subschema in der Folge ausführlicher untersuchen.

Damit die Routine (S3/S2) ihre Funktion voll erfüllen kann, und damit das Anwendungsprogramm die Datenelemente im Subschema eindeutig interpretieren kann, müssen die folgenden Bedingungen erfüllt sein:

— zu jedem Datenelement des Subschemas gibt es genau einen Partner im konzeptuellen Schema.
— zu jedem Datenelement des Subschemas, das nicht selbst ein candidate key ist, gibt es ein Datenelement im Subschema, das sein candidate key ist.

Entfernt man z. B. aus dem konzeptuellen Schema S2 ein Datenelement, das in einem Subschema S3 vorkommt, so verletzt man die obigen Bedingungen und muß das zu S3 gehörige Anwendungsprogramm ändern.

Entfernt man dagegen aus S2 ein Datenelement, das nicht in diesem Subschema S3 vorkommt, dann muß das zu S3 gehörige Anwendungsprogramm nicht geändert werden.

Diese Überlegungen sind eher abstrakt und so wollen wir sie an Hand eines praktischen Beispiels veranschaulichen.

Beispiel 22: Datenbankschemata

Die Möglichkeit, die einzelnen Schemata der Datenbank getrennt voneinander zu beschreiben, wirkt sich auf die Art und Weise aus, wie Anwendungsprogramme entwickelt werden.

Der Systemanalytiker beziehungsweise Programmierer kann sich beim Programmentwurf darauf konzentrieren, Daten und Programme nach funktional-logischen Gesichtspunkten zu strukturieren und so stabile Anwendungsprogramme zu erzeugen. Er muß sich nicht mehr darum kümmern, ob seine Programme den vorhandenen Speicherplatz auf der Datenbank effizient nutzen und ob kurze Zugriffszeiten auf die gespeicherte Information sichergestellt sind. Diese Arbeit wird ihm von einer eigenen Stelle, dem „Datenbankadministrator", abgenommen. Er verwaltet die Schemata der Datenbank und sorgt dafür, daß die logischen Datenstrukturen des konzeptuellen Schemas physisch effizient gespeichert werden.

Das folgende Beispiel zeigt, wie sich die logische Struktur der Datenbank im Anwendungsprogramm widerspiegelt, und welche Bedeutung die Datenbankschemata für die Stabilität der Anwendersoftware haben.

Teilaufgabe 1

Gegeben sind die Auftragsdaten und die Arbeitsfolgedaten aus Beispiel 5. Das konzeptuelle Schema hat folgenden Aufbau: (Abb. 3 — 10)

Entwirf das Subschema und die Programmstruktur für ein Druckprogramm, das alle Aufträge mit ihren Arbeitsfolgen anlistet. Pro Auftragssatz sollen nur

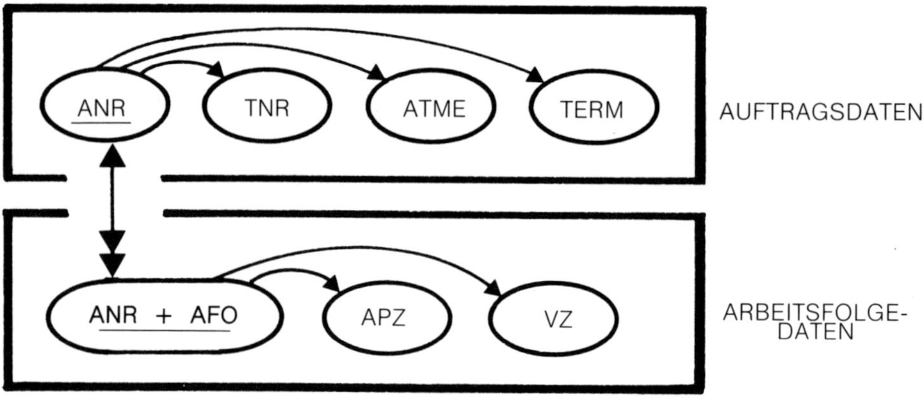

Abb. 3 — 10 konzeptuelles Schema der Auftragsdaten

Der Datenbankadministrator hat das physische Schema genauso aufgebaut wie das konzeptuelle Schema und sowohl für die Auftragsdaten als auch für die Arbeitsfolgedaten eine eigene physische Datei angelegt: (Abb. 3 — 11)

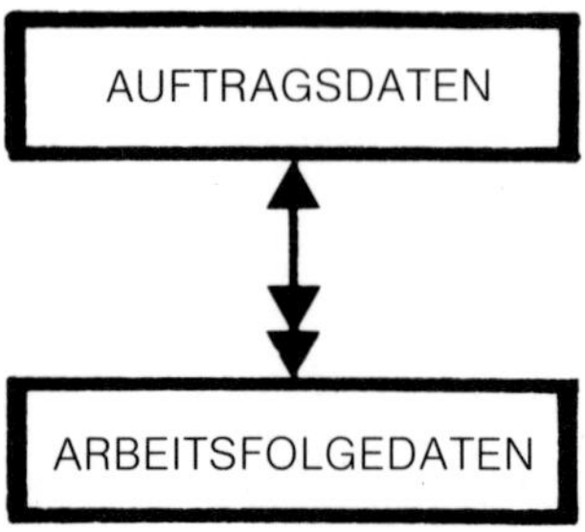

Abb. 3 — 11 physisches Schema

die Datenelemente ANR, ATME und TERM gedruckt werden, pro Arbeitsfolge nur die Datenelemente ANR, AFO und VZ.

Lösung:

Der Auftragskopf im Subschema entspricht den Auftragsdaten im konzeptuellen Schema, die Arbeitsfolgen im Subschema entsprechen den Arbeitsfolgedaten im konzeptuellen Schema.
(Abb. 3 — 12)

Wendet man die „read ahead"-Technik von Jackson /2/ an, dann kann man aus dem Subschema auf einfache Weise die Programmstruktur ableiten:
(Abb. 3 — 13)

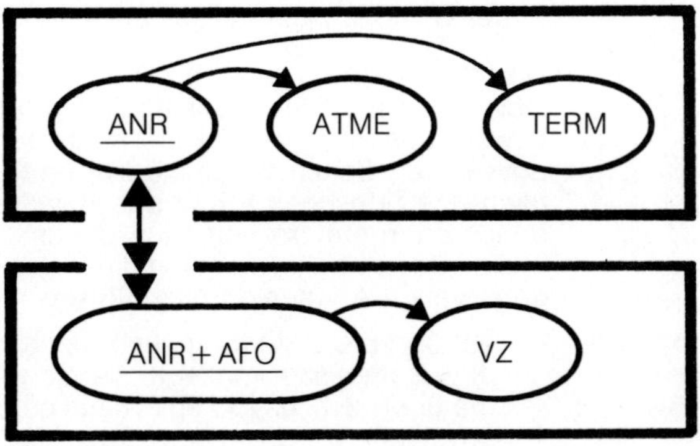

Abb. 3 — 12 Subschema für das Druckprogramm

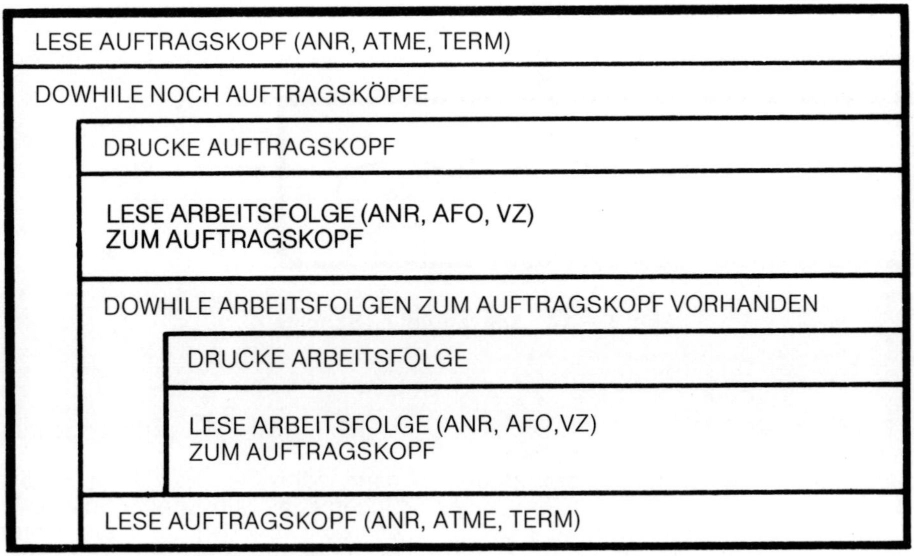

Abb. 3 — 13 Programmstruktur des Druckprogramms

Teilaufgabe 2

Die Gruppe der Auftragsdaten muß um das Datenelement „Auftragsstatus“ ST erweitert werden. Außerdem will der Datenbankadministrator die Performance des Programms verbessern. Sein Datenbanksystem ermöglicht es ihm, variabel lange Auftragssätze zu speichern, in denen alle Arbeitsfolgesätze, die zu einem Auftrag gehören, als Wiederholungsgruppen angelegt werden können. So werden die physischen Zugriffe auf die Arbeitsfolgedatei gespart. Dadurch ändert sich sowohl das konzeptuelle als auch das physische Schema: (Abb. 3 — 14 und 3 — 15)

Prüfe, ob das Subschema des Druckprogrammes bzw. das Druckprogramm selbst von den Änderungen betroffen ist.

Beschreibe die Funktionen, die das Datenbanksystem ausführen muß, um die Daten aus dem physischen Schema ins konzeptuelle und vom konzeptuellen Schema ins Subschema zu überführen.

Lösung:

Obwohl der Datenbankadministrator sowohl das konzeptuelle als auch das physische Schema geändert hatte, blieb das Subschema und das Anwendungsprogramm frei von Änderungen.

Das Datenbanksystem hat die folgenden zwei Funktionen durchzuführen:

— es führt die Datengruppen aus dem physischen ins konzeptuelle Schema über, d. h. es extrahiert aus dem physischen Satz zuerst die Auftragsdaten und dann satzweise alle einzelnen Vorkommen der Arbeitsfolgen in den Wiederholungsgruppen.

— dann führt es das konzeptuelle Schema ins Subschema über, d. h. es wählt aus den Datenelementen der Auftragsdaten und Arbeitsfolgedaten diejenigen aus, die für das Subschema benötigt werden.

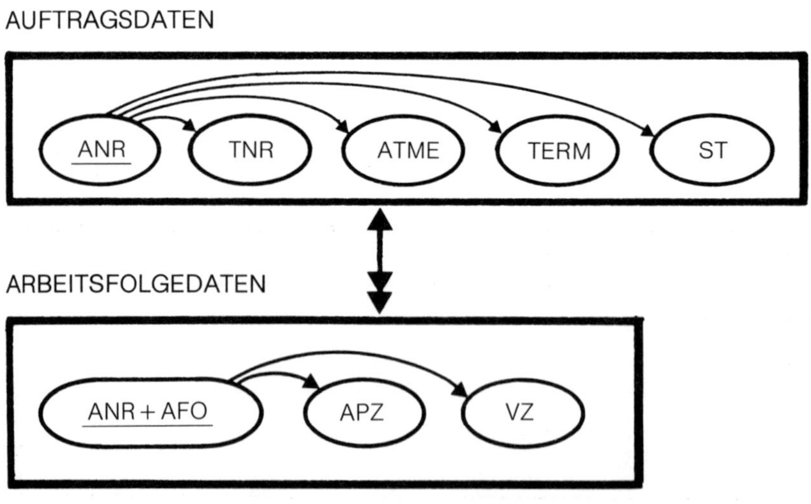

Abb. 3 — 14 konzeptuelles Schema

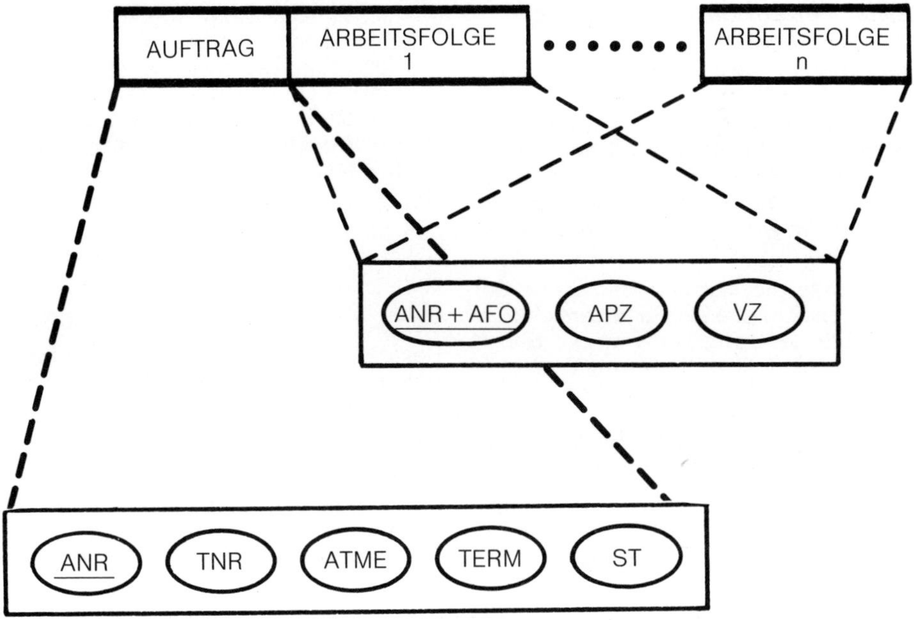

Abb. 3 — 15 physischer Aufbau der Auftragsdatei

3.4.2 Die Methode der kanonischen Synthese

Die kanonische Synthese ist eine Designmethode, die das evolutionäre Wachstum einer Datenbank berücksichtigt. Sie analysiert die Datenelemente jeder neu zu programmierenden Benutzerfunktion und baut sie in das bestehende konzeptuelle Schema der Datenbank ein. Die Analyse erfolgt in drei Schritten:

a.) Ermittle die logische Bedeutung der Datenelemente der Benutzersicht.
b.) Führe die Datenelemente der Benutzersicht in die dritte Normalform über und erzeuge so ein stabiles Subschema.
c.) Baue das Subschema in das bestehende konzeptuelle Schema nach folgender Formel ein:

$$\text{konzept. Schema}_1 = \text{Subschema}_1$$
$$\text{konzept. Schema}_n = \text{konzept. Schema}_{n-1} + \text{Subschema}_n$$

Das „+"-Zeichen in dieser Formel darf mit dem algebraischen Zeichen für Addition nicht verwechselt werden. Es hat hier die folgende Bedeutung:

— gibt es eine Datengruppe im Subschema, deren candicate key mit keinem candidate key des konzeptuellen Schemas übereinstimmt, so wird diese Datengruppe ins konzeptuelle Schema übernommen

— gibt es eine Datengruppe D_k im konzeptuellen Schema, die denselben candidate key hat, wie eine Datengruppe D_s im Subschema, dann werden die Datenelemente aus D_s, die es in D_k noch nicht gibt, nach D_k übernommen

Die kanonische Synthese stellt sicher, daß das sich neu ergebende konzeptuelle Schema wieder in der dritten Normalform steht.

Beispiel 23: kanonische Synthese

Beispiel 23 zeigt, wie das konzeptuelle Schema einer Fertigungsdatenbank auf Grund von Benutzeranforderungen stufenweise erweitert wird.

Stufe 1: Teilekatalog

Ein Fertigungsbetrieb möchte seine Teiledaten speichern und monatlich einen Teilekatalog der folgenden Form ausdrucken lassen: (Abb. 3 — 16)

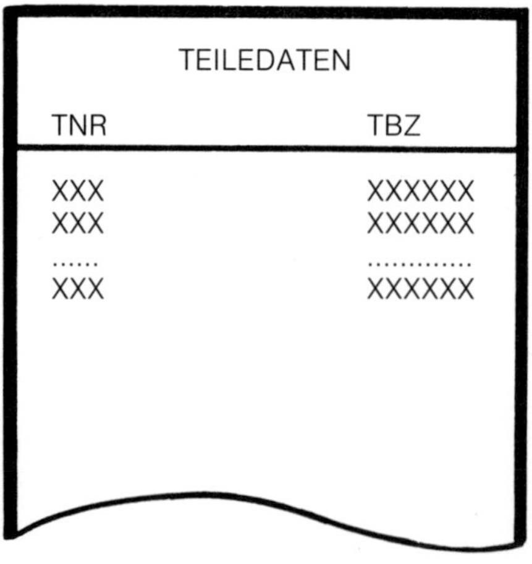

Abb. 3 — 16
Benutzersicht B1
Teiledaten

Analyseschritt a.)

Die Benutzersicht B1 beschreibt die Teiledaten. Sie besteht aus den Datenelementen

TNR: Teilenummer und
TBZ: Teilebezeichnung

Die Teilebezeichnung TBZ wird eindeutig durch die Teilenummer TNR identifiziert.

Analyseschritt b.)

Die Datenelemente der ersten Benutzersicht werden in die dritte Normalform übergeführt. (Abb. 3 — 17)

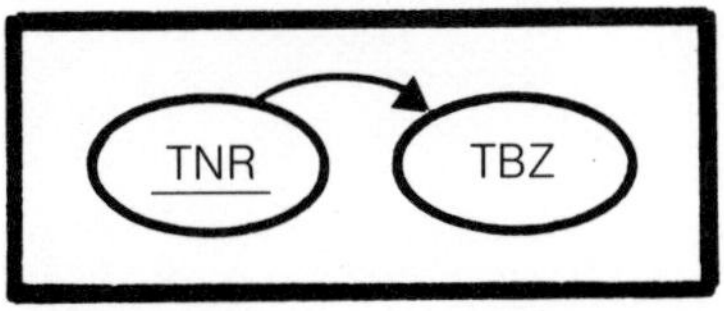

Abb. 3 — 17 Subschema S1

Analyseschritt c.)

Da es bis jetzt noch kein konzeptuelles Schema gibt, stimmt das erste konzeptuelle Schema mit dem ersten Subschema überein. (Abb. 3 — 18).

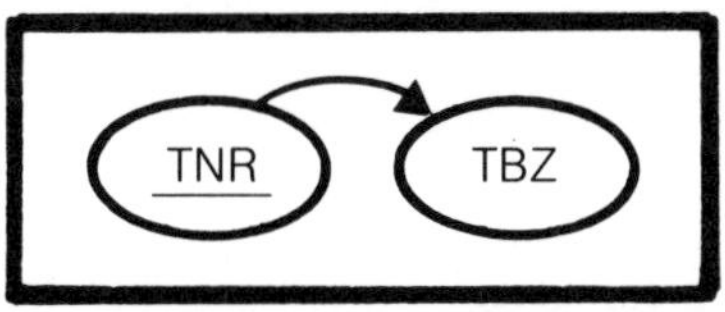

Abb. 3 — 18 konzeptuelles Schema K1

Stufe 2: Dispositionsdaten

Die Dispositionsabteilung möchte ihre Lagerbestände online verwalten und sich über Bildschirm den aktuellen Lagerbestand für jedes Teil anzeigen lassen: (Abb. 3 — 19)

Analyseschritt a.)

In der Benutzersicht B2 kommen sowohl Teiledaten als auch Lagerbestandsdaten vor. Die Teiledaten bestehen aus dem Datenelement TNR. Die Lagerbestandsdaten bestehen aus den Datenelementen.

LO: Lagerort und
LB: Lagerbestand

Eine Rückfrage in der Fachabteilung hat ergeben, daß eine Teilenummer TNR zwar an zwei Lagerorten liegen kann, an einem Lagerort aber nur eine Teilenummer gelagert wird. Der Lagerbestand an einem Lagerort wird durch das Datenelement LO eindeutig identifiziert.

Analyseschritt b.)

Die Datenelemente der Benutzersicht B2 werden in die dritte Normalform übergeführt. (Vergleiche Beispiel 19!)

Das Subschema S2 ist ein stabiles Schema. Auch wenn in Zukunft eine Teilenummer an mehr als zwei Lagerorten gelagert werden sollte, wird sich S2 nicht ändern! (Abb. 3 — 20)

Analyseschritt c.)

Das neue konzeptuelle Schema der Datenbank ergibt sich nach der Formel:

$K_2 = K_1 + S_2$ (Abb. 3 — 21)

DISPOSITIONSDATEN				
TNR	LO	LB	LO	LB
XXX	XX	XX	XX	XX
XXX	XX	XX	XX	XX
......	.....	.....	.....	.....
XXX	XX	XX	XX	XX

Abb. 3 — 19 Benutzersicht B2 Dispositionsdaten

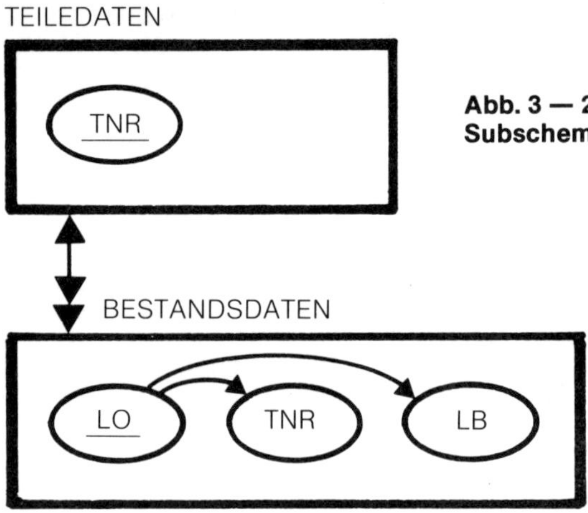

Abb. 3 — 20
Subschema S2

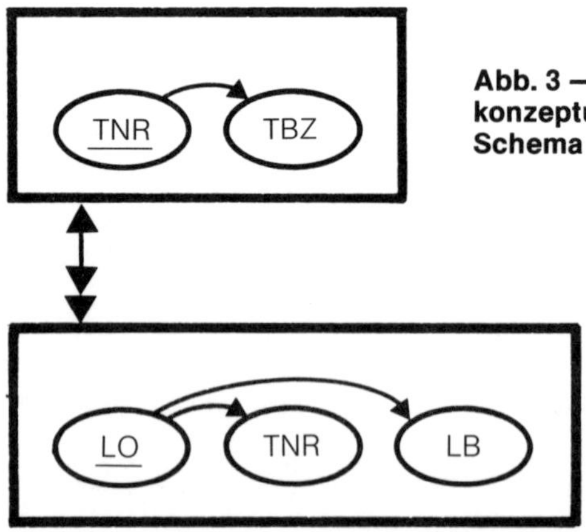

Abb. 3 — 21
konzeptuelles
Schema K2

Stufe 3: Auftragsstückliste

Die Fertigungssteuerung möchte sicherstellen, daß die Fertigungsaufträge termin- und mengengerecht erledigt werden. Um zu vermeiden, daß der Auftragsstart verzögert wird, weil das nötige Material fehlt, möchte sie am Bildschirm (Abb. 3 — 22) überprüfen, ob die notwendigen Materialpositionen in der richtigen Menge für den Auftrag reserviert wurden.

Analyseschritt a.)

Die Benutzersicht B3 ist etwas komplizierter aufgebaut. Das Bildschirmbild besteht aus einem Kopf, der die Auftragsdaten enthält, und Positionszeilen.

Die Auftragsdaten bestehen aus den Datenelementen

ANR: Auftragsnummer
TNR: Teilenummer des Teils, das gefertigt werden soll

AUFTRAGS-STÜCKLISTE

ANR: XXX TNR: XXX ATME: XXX TERM: XXX

TNR	TBZ	BEME	REME
XXX	XXXXXX	XXX	XXX
XXX	XXXXXX	XXX	XXX
....	....	....	....
XXX	XXXXXX	XXX	XXX

Abb. 3 — 22
Benutzersicht B3
Auftragsstückliste

ATME: Auftragsmenge

TERM: Verfügbarkeitstermin, das ist der Termin, zu dem die zu fertigenden Teile in der beauftragten Menge fertiggestellt sein müssen

Die Positionszeilen bestehen aus den Datenelementen

TNR: Teilenummer der Materialposition, die zum Auftragsstarttermin für den Auftrag bereitgestellt werden muß

TBZ: Teilebezeichnung der Materialposition

BEME: Bedarfsmenge, das ist die Menge, in der die Materialposition für den Auftrag bereitgestellt werden muß

REME: das ist die Menge, die vom Lagerbestand des bereitzustellen-

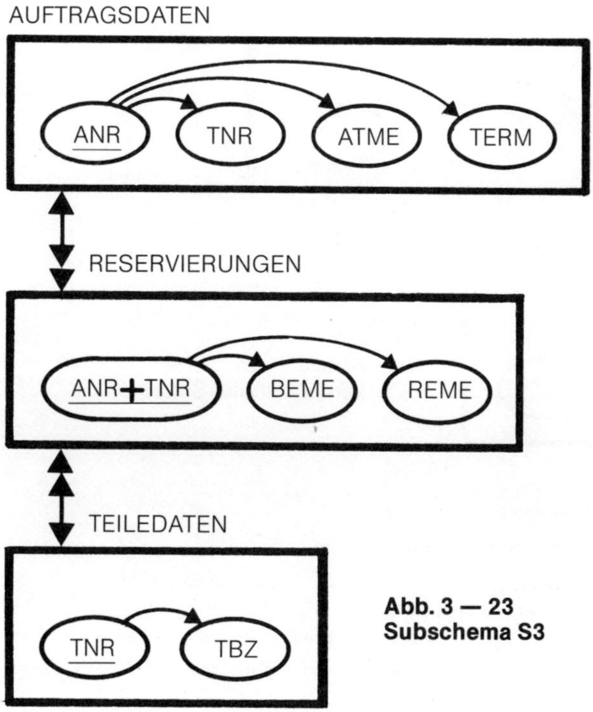

Abb. 3 — 23
Subschema S3

den Teiles für den Auftrag reserviert wurde

Da einerseits für einen Auftrag mehrere Teilenummern bereitgestellt werden können, andererseits dieselbe Teilenummer für mehrere Aufträge bereitgestellt werden kann, wird die Positionszeile durch den concatinated key ANR + TNR eindeutig identifiziert. Analysiert man die Datenelemente der Positionszeile genauer, so findet man, daß die letzte Aussage zwar für die Datenelemente BEME und REME gilt, daß aber TBZ bereits allein durch TNR identifiziert werden kann.

Analyseschritt b.)

Die Datenelemente der Benutzersicht B3 werden in die dritte Normalform (Abb. 3 — 23) übergeführt. (Vergleiche Beispiel 17)

Analyseschritt c.)

Das neue konzeptuelle Schema der Datenbank ergibt sich wieder nach der Formel

$K_3 = K_2 + S_3$ (Abb. 3 — 24)

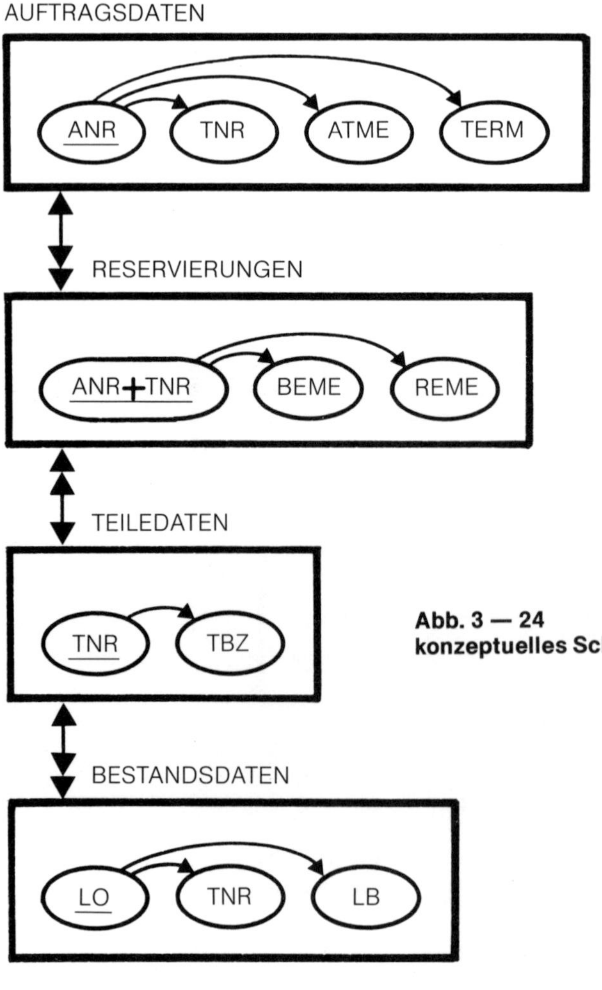

Abb. 3 — 24
konzeptuelles Schema K3

AUFTRAGS-ARBEITSFOLGEN				
ANR: XXX	TNR: XXX	ATME: XXX	TERM: XXX	
AFO	SST	VZ	IST	IET
XXX	XX	XX	XX	XX
XXX	XX	XX	XX	XX
.....	....	....	....	....
XXX	XX	XX	XX	XX

Abb. 3—25
Benutzersicht B4
Auftragsarbeitsfolgen

Stufe 4: Auftragsarbeitsfolgen

Der Fertigungssteuerung ist die Arbeitsfortschrittsüberwachung auf der Ebene der Fertigungsaufträge nicht aktuell genug. Sie möchte schon früher erkennen, wo sich Terminverzüge abzeichnen. Deshalb will sie den Arbeitsfortschritt bereits auf der Ebene der Auftragsarbeitsfolgen überwachen und über Bildschirm auf die Auftragsarbeitsfolgen zugreifen können. (Abb. 3 — 25)

Analyseschritt a.)

Die Benutzersicht B4 besteht aus dem Kopf, der die Auftragsdaten enthält, und den Positionszeilen. Die Datenelemente der Auftragsdaten sind dieselben wie bei der Auftragsstückliste. Zu einem Auftragskopf gibt es mehrere Positionszeilen. In jeder Positionszeile stehen die Datenelemente einer Auftragsarbeitsfolge:

AFO: Arbeitsfolgennummer, die die Arbeitsfolgen innerhalb eines Auftrags durchnummeriert
SST: Soll-Starttermin, Termin zu dem die Arbeitsfolge laut Plan beginnen soll
VZ: Vorgabezeit
IST: Ist-Starttermin, Termin zu dem die Arbeitsfolge tatsächlich begonnen wurde
IET: Ist-Endtermin, Termin zu dem die Arbeitsfolge abgeschlossen wurde

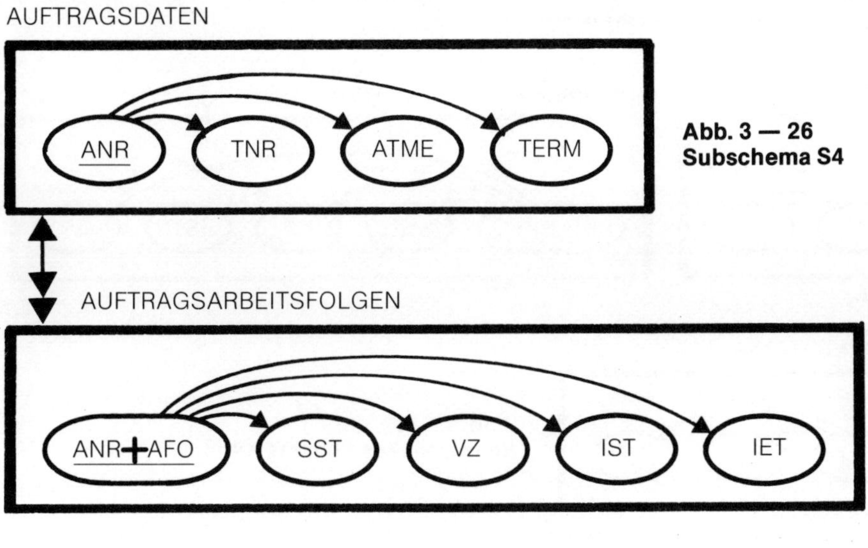

Abb. 3 — 26
Subschema S4

Eine Auftragsarbeitsfolge wird durch den primary concatinated key ANR + AFO eindeutig identifziert.

Analyseschritt b.)
Die Datenelemente der Benutzersicht B4 werden in die dritte Normalform übergeführt. (Abb. 3 — 26)

Analyseschritt c.)
Wieder wird das neue konzeptuelle Schema nach der Formel

$K_4 = K_3 + S_4$ (Abb. 3 — 27)

ermittelt.

Stufe 5: Kapazitätsauslastung

Die Fertigungssteuerung hat den Startverzug von Auftragsarbeitsfolgen analysiert und folgendes festgestellt: häufig kann eine Arbeitsfolge nicht starten, weil der Arbeitsplatz, an dem sie bearbeitet werden soll, belegt ist und sie warten muß, bis er wieder frei ist.

Um die einzelnen Auftragsarbeitsfolgen besser ihren Arbeitsplätzen zuteilen zu können, möchte die Fertigungssteuerung über Bildschirm ermitteln können, wie die einzelnen Arbeitsplätze ausgelastet sind. (Abb. 3 — 28)

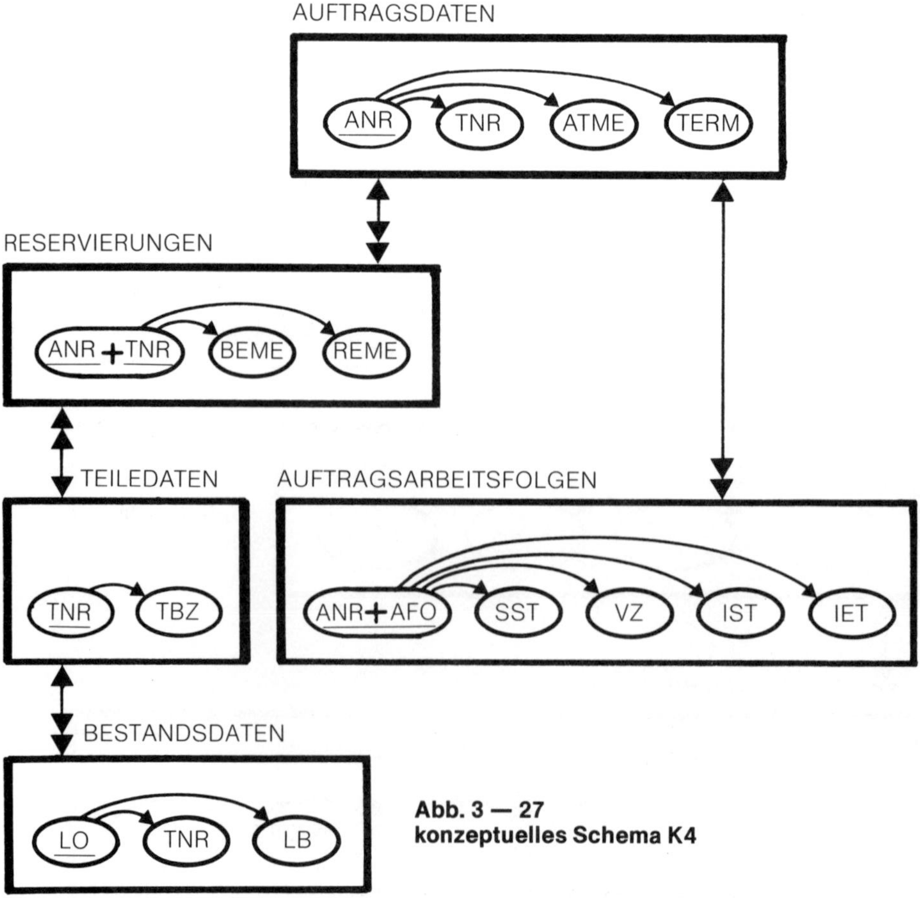

Abb. 3 — 27
konzeptuelles Schema K4

KAPAZITÄTS-AUSLASTUNG			
APZ: XXX	KST: XXX		KAP: XXX
ANR	AFO	SST	VZ
XXX	XXXXXX	XXX	XXX
XXX	XXXXXX	XXX	XXX
....	....	....	....
XXX	XXXXXX	XXX	XXX

Abb. 3 — 28
Benutzersicht B5
Kapazitätsauslastung

Analyseschritt a.)

Die Benutzersicht B5 besteht aus dem Kopf, der die Arbeitsplatzdaten enthält, und den Positionszeilen. Die Arbeitsplatzdaten bestehen aus den Datenelementen

APZ: Arbeitsplatznummer
KST: Kostenstelle
KAP: Kapazität des Arbeitsplatzes

Kostenstelle und Kapazität werden durch die Arbeitsplatznummer eindeutig identifiziert. Zu jedem Arbeitsplatz gibt es mehrere Positionszeilen. In jeder Positionszeile stehen die Datenelemente einer Auftragsarbeitsfolge, die an diesem Arbeitsplatz bearbeitet werden soll.

Analyseschritt b.)

Die Datenelemente der Benutzersicht B5 werden in die dritte Normalform übergeführt (Abb. 3—29). Dabei muß beachtet werden, daß die in die Auftragsarbeitsfolgen das Datenelement APZ als foreign key aufgenommen werden muß, damit die 1:M Assoziation zwischen Arbeitsplatzdaten und Auftragsarbeitsfolgen geknüpft werden kann. (Vergleiche Beispiel 11)

Analyseschritt c.)

Nun überlagern wir das neue Subschema und das alte konzeptuelle Schema nach der Formel

$K_5 = K_4 + S_5$ (Abb. 3.— 30)

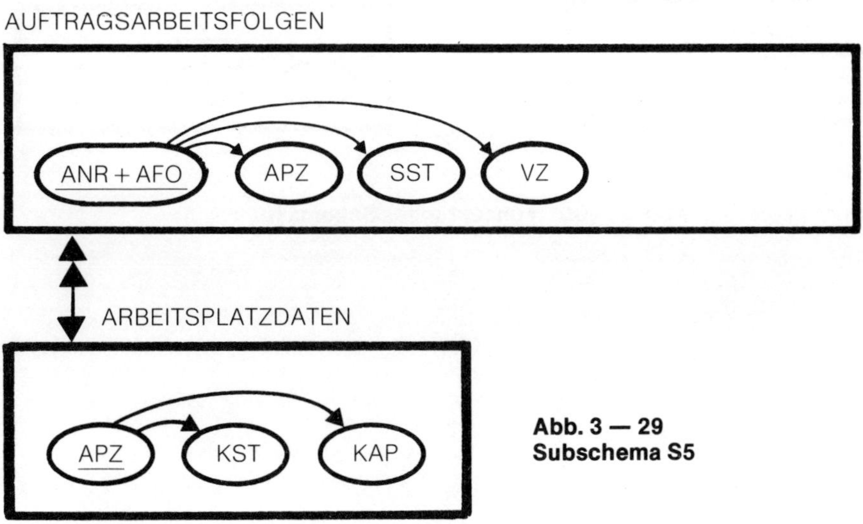

Abb. 3 — 29
Subschema S5

und erhalten so das neue konzeptuelle Schema.

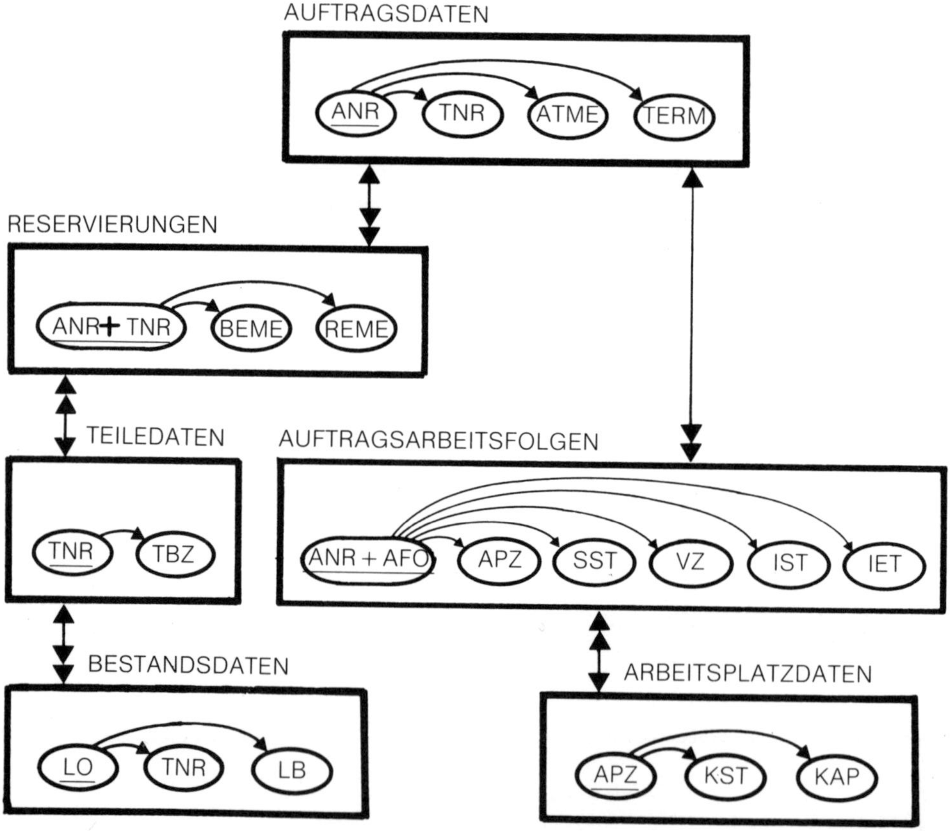

Abb. 3 — 30 konzeptuelles Schema K5

4. Relationale Sprachen

Bevor wir uns mit den relationalen Sprachen näher beschäftigen, wollen wir uns wieder an unsere Zielsetzung in Kapitel 1 zurückerinnern und überprüfen, was wir bis jetzt erreicht haben.

Wir haben die Methode der kanonischen Synthese kennengelernt und sind nun in der Lage, stabile Datenstrukturen zu entwerfen. Stabile Datenstrukturen wiederum sind eine wesentliche Voraussetzung, um stabile, d. h. wenig änderungsanfällige und zugleich änderungsfreundliche Programme zu entwerfen.

Michael Jackson stellt in seinem Buch /2/ eine Methode vor, mit der man die Ergebnisse der kanonischen Synthese unmittelbar für den Entwurf von stabilen Anwendungsprogrammen heranziehen kann.

Aber reicht das alles aus, um auf dem Gebiet der Anwendungssoftware mit der stürmischen Entwicklung der Hardware mitzuhalten?

Edward Yourdon schätzt in seiner Veröffentlichung /11/, daß man durch Einsatz moderner Designmethoden die Produktivität

— in der Entwicklung von Anwendungsprogrammen um den Faktor 1,5 — 6 und
— in der Betreuung von Anwendungsprogrammen um den Faktor 5 — 10

steigern kann.

Selbst wenn wir mehr Mitarbeiter in der Datenverarbeitung einstellen oder das Potential an Programmierern dadurch erhöhen, daß wir einfachere Auswertungen von den Fachabteilungen programmieren lassen, werden wir mit der Hardwareentwicklung nicht mithalten können.

Eine Möglichkeit, diesem Dilemma zu entgehen, ist es, die stürmische Entwicklung auf dem Hardwaresektor zu nutzen, und Aufgaben, die bisher von einem Programmierer durchgeführt wurden, vom Computer selbst erledigen zu lassen.

Dazu wollen wir uns kurz überlegen, was derzeit die Aufgabe eines Program-

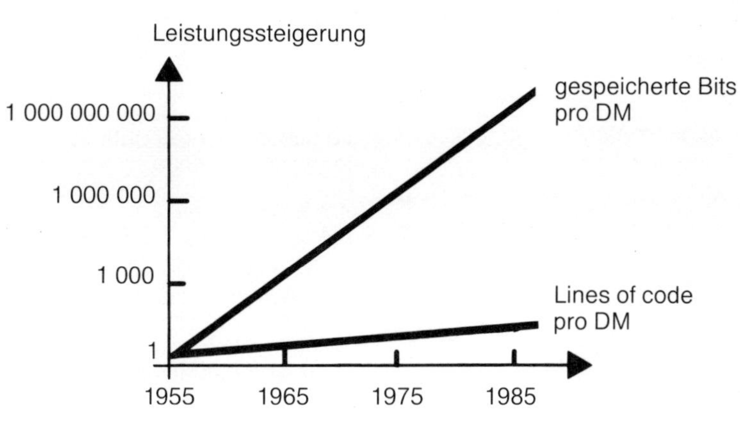

mierers ist. Der Programmierer erhält von der Fachabteilung eine funktionale Aufgabenstellung, die die Ergebnisse beschreibt, die die Fachabteilung von der Datenverarbeitung wünscht.

Der Programmierer legt in seinem Programm fest, wie der Computer diese Ergebnisse ermittelt und bereitstellt. Das Programm navigiert durch die Datenstrukturen und wählt die Informationen aus, die es für das gewünschte Ergebnis benötigt.

Will man also eine Sprache entwickeln, die ihrem Benutzer das Programmieren im herkömmlichen Sinn abnimmt, so muß sie folgende Eigenschaften haben:

— der Benutzer braucht nur festzulegen, welche Ergebnisse er wünscht (Festlegung des „WAS“)
— der Computer übernimmt die Aufgabe, wie er die gewünschten Ergebnisse bereitstellt (Festlegung des „WIE“)
— die Sprache muß von einem breiten Kreis von Benutzern erlernt werden können, ohne daß dazu eine längere EDV-technische Ausbildung notwendig ist

Aus dieser Zielsetzung heraus wurden die relationalen Sprachen geboren. Während sich die Konstruktion von stabilen Datenstrukturen (kanonische Synthese) auch rein anschaulich gut erklären läßt, so wird der in der beruflichen Praxis stehende Anwender bei der Einführung einer relationalen Sprache mit einer Fülle von theoretischen Begriffen konfrontiert, die aus dem Bereich der Mathematik stammen und die er nicht kennt, wenn er nicht ein einschlägiges Studium absolviert hat.

Die Kapitel

4.1 Die relationale Algebra und
4.2 Der relationale Kalkül

haben die Aufgabe, den Leser in die Theorie der relationalen Datenbanken einzuführen und ihm das Rüstzeug mitzugeben, mit dem er auch schwierige Probleme in der Praxis lösen kann.

4.1 Die relationale Algebra

Bevor wir uns mit der relationalen Algebra befassen, wollen wir uns ins Bewußtsein rufen, was der Begriff „Algebra“ im Deutschen bedeutet.

Die Algebra, ist eine Lehre, die sich mit Rechenobjekten befaßt und mit den Regeln, nach denen diese Objekte durch Rechenoperationen miteinander verknüpft werden.

Die einfachste Form einer Algebra ist die elementare Algebra, wie wir sie in der Grundschule kennengelernt haben. Ihre Objekte sind die Zahlen und die vier Rechenoperationen Addition, Subtraktion, Multiplikation und Division.

Die relationale Algebra ist mit der elementaren Algebra, die wir in der Grundschule gelernt haben, in vieler Hinsicht verwandt. Sie unterscheidet sich nur dadurch, daß an die Stelle der Zahlen Relationen und an die Stelle der vier Grundrechnungsarten neue relationale Rechenoperationen treten. So wie die vier Grundrechnungsarten wieder Zahlen zum Ergebnis haben, so haben die Rechenoperationen der relationalen Algebra wieder Relationen zum Ergebnis.

Die Kapitel

4.1.1 Relationen
4.1.2 Rechenoperationen der relationalen Algebra
4.1.3 Das Problem der Navigation und
4.1.4 Die semantische Integrität

führen in die Begriffswelt der relationalen Sprachen ein. Sie zeigen, wie man mit Relationen rechnet und welche Einschränkungen man dabei beachten muß. Darüber hinaus ist die Kenntnis der relationalen Algebra auch von praktischem Wert. Speziell für Bürocomputer gibt es einfache relationale Datenbanksysteme /18/, die neben anderen Befehlen auch Operationen der relationalen Algebra kennen.

4.1.1 Relationen

Wir wollen den Begriff „Relation“ auf zweifache Weise einführen, zuerst anschaulich und dann in Form einer mathematischen Definition.

Anschaulich gesehen ist eine Relation nichts anderes als eine einfache Tabelle, die aus Zeilen und Spalten besteht.

Domäne j / Tupel i	D_1	D_2	....	Dm
T_1	V_{11}	V_{12}	....	V_{1m}
T_2	V_{21}	V_{22}	....	V_{2m}
⋮	⋮	⋮		⋮
T_n	V_{n1}	V_{n2}	....	V_{nm}

Abb. 4 — 1 Relation

Die Spalten der Tabelle heißen im Sprachgebrauch der relationalen Algebra „Domänen", die Zeilen „Tupel".

Man kann sich diese Tabelle auch als eine herkömmliche Datei vorstellen, in der nur Sätze einer einzigen Satzart vorkommen. Eine solche Datei ist eine Relation, wenn folgendes gilt:

— Jeder Zeile der Tabelle entspricht genau ein Satz in der Datei. Jeder Satz der Datei kann eindeutig identifiziert werden, es gibt in ihr keine zwei gleichen Sätze.
— Jeder Spalte der Tabelle entspricht genau ein Name eines Datenelementes der Satzart. Innerhalb einer Satzart darf sich ein und derselbe Name nicht wiederholen.
— Im Kreuzungspunkt des i-ten Tupels und der j-ten Domäne steht der Wert v_{ij}. Das ist der Wert, den das j-te Datenelement der Satzart im i-ten Satz der Datei annimmt.
— Eine Tupelvariable t ist eine Variable, der man eine der Zeilen der Tabelle als Wert zuweisen kann. Man kann t mit einem Eingabebereich vergleichen, in den ein Satz der Datei eingelesen wird.

Eine Relation beherbergt also alle Vorkommen des Schemas einer Datengruppe. Und hier können wir wieder an etwas anknüpfen, was wir bereits kennen. Ohne es auszusprechen, haben wir uns in den vorhergehenden Kapiteln des Buches mit nichts anderem als der Normalisierung von Relationen befaßt.

Mathematisch gesehen ist eine Relation R eine Untermenge des cartesischen Produktes der Mengen $W_1, W_2, \dots . W_m$.

$$R \subseteq W_1 X W_2 X \dots \dots . W_m \qquad (1)$$

Dabei beinhaltet die Menge W_j alle voneinander verschiedenen Werte, die das Datenelement D_j in der Relation R annehmen kann. Die Regeln, nach denen das cartesische Produkt gebildet wird, werden in Kapitel 4.1.2 näher erklärt.

4.1.2 Rechenoperationen der relationalen Algebra

Nachdem wir die Relationen kennengelernt haben, müssen wir noch die folgenden fünf relationalen Grundoperationen vorstellen, um die relationale Algebra zu definieren. Es sind dies:

— die Vereinigung von Relationen
— die Differenz von Relationen
— das cartesische Produkt von Relationen
— die Projektion und
— die Selektion

Auf diese fünf Grundoperationen können alle anderen Operationen der relationalen Algebra zurückgeführt werden. /13/ Aus ihnen bauen sich, wie wir später sehen werden, die relationalen Sprachen auf. Wir sagen sogar, /12/ daß eine relationale Sprache nur dann vollständig ist, wenn sie diese Grundoperationen ausführen kann.

Neben den Grundoperationen gibt es noch zwei Operationen, die das praktische Rechnen mit Relationen erleichtern:

— den „natural join" und
— die Division

Die Vereinigung von Relationen

Vereinigt man zwei Relationen A und B, dann ist das Ergebnis eine Relation C, die alle voneinander verschiedenen Tupel von A und B enthält.

$$C = A \cup B \qquad (2)$$

Die Vereinigung ist allerdings nur dann möglich, wenn A und B bezüglich ihrer Vereinigung kompatibel sind. Das ist dann der Fall, wenn folgendes gilt:

— die Anzahl n der Domänen von A und B stimmt überein
— für alle $1 \leqq i \leqq n$ Domänen stimmt das Format der Daten in der i-ten Domäne von A mit dem in der i-ten Domäne von B überein.

Besteht die Relation A aus IAN Tupeln und die Relation B aus IBN Tupeln, dann wird die Vereinigung durch folgenden Algorithmus beschrieben: (Abb. 4 — 2)

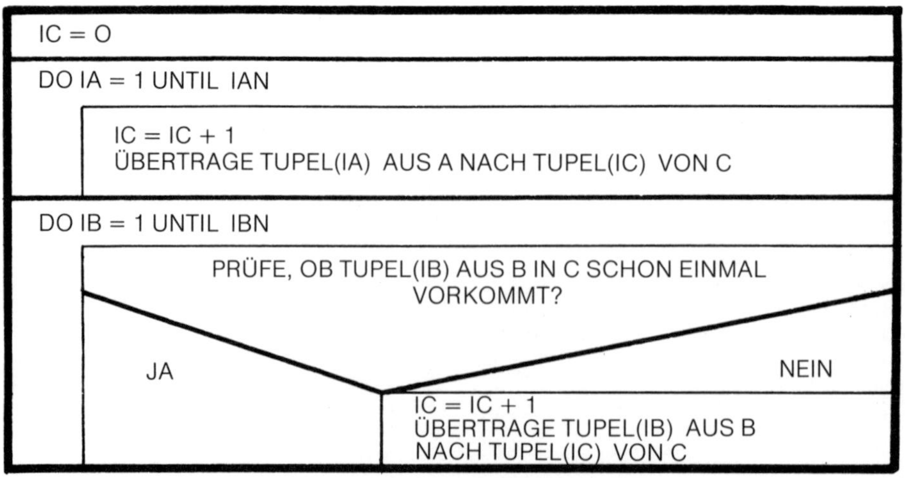

Abb. 4 — 2 Vereinigung von Relationen

Beispiel 24: Vereinigung von Relationen

Vereinige die beiden Relationen A und B.

A

A_1	A_2	A_3
A	11	XX
B	12	CC
C	13	DD
D	14	YY

B

B_1	B_2	B_3
A	11	XX
E	13	WW
F	09	RR

Lösung:

$C = A \cup B$

C_1	C_2	C_3
A	11	XX
B	12	CC
C	13	DD
D	14	YY
E	13	WW
F	09	RR

Beispiel 25: Vereinigung von Relationen

Gegeben sind die Relationen AUFTRAGSDATEN und AUFTRAGSÄNDERUNGEN.
Nimm die AUFTRAGSÄNDERUNGEN in den Bestand der AUFTRAGSDATEN auf.

AUFTRAGSDATEN

ANR	TNR	ATME	TERM	ST
A1	T2	1X	10	0
A2	T5	2X	11	0

AUFTRAGSÄNDERUNGEN

ANR	TNR	ATME	TERM	ST
A3	T10	2X	15	0
A4	T11	5X	13	0

Lösung:

AUFTRAGSDATEN = AUFTRAGSDATEN ∪ AUFTRAGSÄNDERUNGEN

ANR	TNR	ATME	TERM	ST
A1	T2	1X	10	0
A2	T5	2X	11	0
A3	T10	2X	15	0
A4	T11	5X	13	0

Die Differenz von Relationen

Subtrahiert man von einer Relation A eine Relation B, dann ist das Ergebnis eine Relation C, die alle Tupel von A enthält, die nicht in B vorkommen.

$$C = A - B \qquad (3)$$

Die Differenz ist wieder nur dann möglich, wenn A und B bezüglich ihrer Vereinigung kompatibel sind.

Besteht die Relation B aus IBN Tupeln, dann wird die Differenz von A und B durch folgenden Algorithmus beschrieben: (Abb. 4 — 3)

Beispiel 26: Differenz von Relationen

Bilde die Differenz der beiden Relationen A und B.

A

A_1	A_2	A_3
A	11	XX
B	12	CC
C	13	DD
D	14	YY

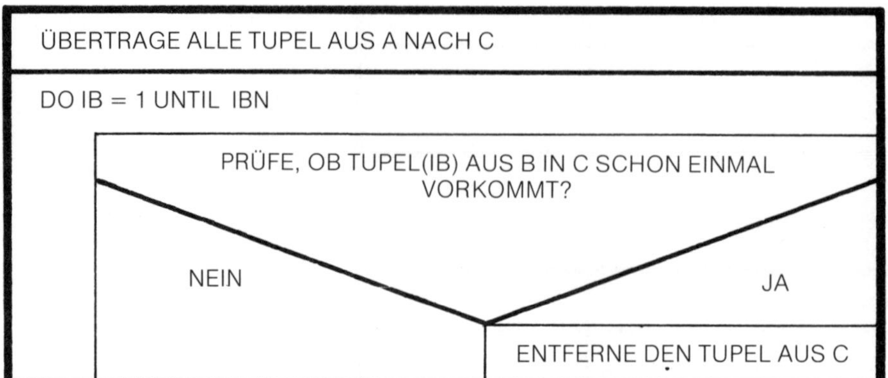

Abb. 4 — 3 Differenz von Relationen

B

B_1	B_2	B_3
A	11	XX
E	13	WW
F	09	RR

Lösung:

C = A − B

C_1	C_2	C_3
B	12	CC
C	13	DD
D	14	YY

Beispiel 27: Differenz von Relationen
Gegeben sind die Relationen ARBEITSPLATZDATEN und ARBEITSPLATZÄNDERUNGEN.

ARBEITSPLATZDATEN

APZ	KST	KAP
AP2	4711	8
AP3	4712	4
AP4	4713	8

ARBEITSPLATZÄNDERUNGEN

APZ	KST	KAP
AP2	4711	8

Lösche im Bestand der ARBEITSPLATZDATEN alle Arbeitsplätze, die im Bestand ARBEITSPLATZÄNDERUNGEN vorkommen.

Lösung:

ARBEITSPLATZDATEN =
= ARBEITSPLATZDATEN −
− ARBEITSPLATZÄNDERUNGEN

APZ	KST	KAP
AP3	4712	4
AP4	4713	8

Das cartesische Produkt von Relationen

Das cartesische Produkt erzeugt aus zwei Relationen A und B eine neue Relation C. Dabei wird jeder Tupel von A mit jedem Tupel von B verknüpft.

C = A X B (4)

Sind a, b und c die Tupelvariablen von A, B und C und besteht A aus IAN Tupeln und B aus IBN Tupeln, dann wird das cartesische Produkt von A und B durch folgenden Algorithmus beschrieben: (Abb. 4 — 4)

```
IC = O
DO IA = 1 UNTIL IAN
    DO IB = 1 UNTIL IBN
        IC = IC + 1
        c (IC) = a(IA) VERKETTET MIT b(IB)
```

Abb. 4 — 4 cartesisches Produkt von Relationen

Formel 4 stimmt mit Formel 1 überein, wenn man die W_j als Relationen ansieht, die nur aus einer einzigen Domäne bestehen.

Beispiel 28: Cartesisches Produkt zweier Relationen

Bilde das cartesische Produkt der beiden Relationen A und B.

A

A_1	A_2	A_3
A	B	C
U	V	W
X	Y	Z

B

B_1	B_2
1	2
8	9

Lösung:

C = A X B

A_1	A_2	A_3	B_1	B_2
A	B	C	1	2
A	B	C	8	9
U	V	W	1	2
U	V	W	8	9
X	Y	Z	1	2
X	Y	Z	8	9

Beispiel 29: Cartesisches Produkt zweier Relationen

Gegeben sind die Relationen ARBEITSPLATZDATEN und ARBEITSFOLGEDATEN.

ARBEITSPLATZDATEN

APZ1	KST	KAP
AP2	4711	8
AP3	4712	4
AP4	4713	8

ARBEITSFOLGEDATEN

ANR	AFO	APZ2	SST	VZ	IST	IET
A1	1	AP2	5	1	0	0
A1	2	AP3	6	2	0	0
A1	3	AP4	8	2	0	0
A2	1	AP3	6	3	0	0
A2	2	AP2	9	2	0	0

Belege jeden Arbeitsplatz mit allen Arbeitsfolgen, ganz gleich, ob das fertigungstechnisch sinnvoll ist oder nicht.

Lösung:
ARBEITSPLATZBELEGUNG = ARBEITSPLATZDATEN X ARBEITSFOLGEDATEN

APZ1	KST	KAP	ANR	AFO	APZ2	SST	VZ	IST	IET
AP2	4711	8	A1	1	AP2	5	1	0	0
AP2	4711	8	A1	2	AP3	6	2	0	0
AP2	4711	8	A1	3	AP4	8	2	0	0
AP2	4711	8	A2	1	AP3	6	3	0	0
AP2	4711	8	A2	2	AP2	9	2	0	0
AP3	4712	4	A1	1	AP2	5	1	0	0
AP3	4712	4	A1	2	AP3	6	2	0	0
AP3	4712	4	A1	3	AP4	8	2	0	0
AP3	4712	4	A2	1	AP3	6	3	0	0
AP3	4712	4	A2	2	AP2	9	2	0	0
AP4	4713	8	A1	1	AP2	5	1	0	0
AP4	4713	8	A1	2	AP3	6	2	0	0
AP4	4713	8	A1	3	AP4	8	2	0	0
AP4	4713	8	A2	1	AP3	6	3	0	0
AP4	4713	8	A2	2	AP2	9	2	0	0

Die Projektion

Die Projektion erzeugt aus einer Relation A eine neue Relation B, indem sie aus allen Domänen von A jene auswählt, die in der Auswahlliste L stehen.

$B = A(L)$ (5)

Werden nicht alle Domänen ausgewählt, so kann es vorkommen, daß die Relation B mehrere gleiche Tupel enthält und ihre Tupel nicht mehr eindeutig identifiziert werden können. Daher werden bei der Projektion Tupel, die mehrfach vorkommen, nur einmal gespeichert.

Besteht die Relation A aus IAN Tupeln und JAM Domänen, dann wird die Projektion B = A (L) durch folgenden Algorithmus beschrieben: (Abb. 4 — 5)

Beispiel 30: Projektion

Gegeben ist die Relation A und die Auswahlliste $L = \{A_2, A_4, A_3\}$

A

A_1	A_2	A_3	A_4	A_5
A	1	X	Y	Z
B	1	X	Y	Z
C	2	U	V	W
D	3	A	B	C

Ermittle die Projektion

$B = A(A_2, A_4, A_3)$.

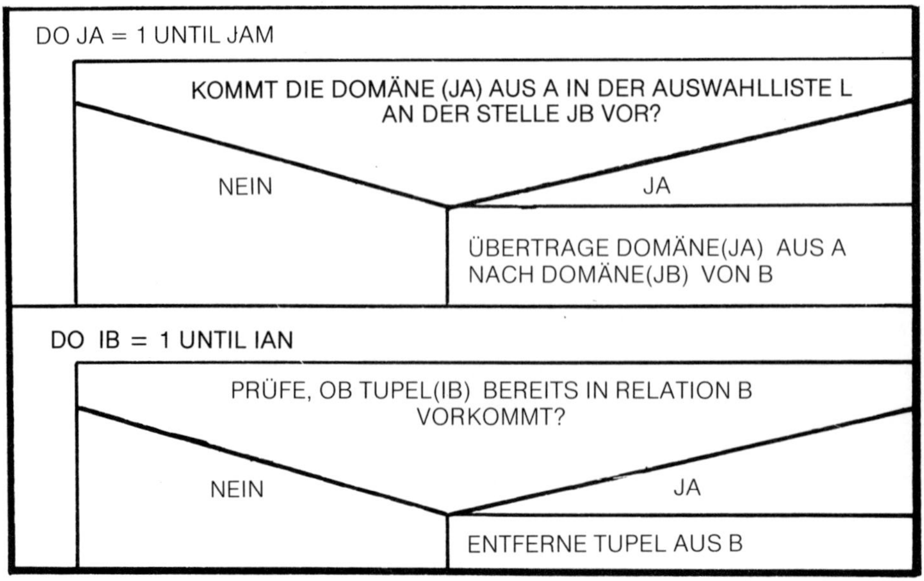

Abb. 4 — 5 Projektion

Lösung:

$B = A(A_2, A_4, A_3)$

A_2	A_4	A_3
1	Y	X
1	Y	X
2	V	U
3	B	A

ELIMINIEREN IDENTISCHER TUPEL z. B. (1 Y X)

B_1	B_2	B_3
1	Y	X
2	V	U
3	B	A

Beispiel 31: Projektion
Gegeben ist die Relation ARBEITSFOLGEDATEN aus Beispiel 23.

ARBEITSFOLGEDATEN

ANR	AFO	APZ	SST	VZ	IST	IET
A1	1	AP2	5	1	0	0
A1	2	AP3	6	2	0	0
A1	3	AP4	8	2	0	0
A2	1	AP3	6	3	0	0
A2	2	AP2	9	2	0	0

Wähle aus ihr die Domänen mit den Solldaten ANR, AFO, APZ und VZ aus.

Lösung:
SOLLDATEN = ARBEITSFOLGEDATEN (ANR, AFO, APZ, VZ)

ANR	AFO	APZ	VZ
A1	1	AP2	1
A1	2	AP3	2
A1	3	AP4	2
A2	1	AP3	3
A2	2	AP2	2

Die Selektion

Die Selektion erzeugt aus einer Relation A eine neue Relation B, indem sie aus allen Tupeln von A jene auswählt, für die die Auswahlbedingung „cond“ zutrifft.

Besteht die Relation A aus IAN Tupeln, dann wird die Selektion

$$B = A: \text{cond} \quad (6)$$

durch folgenden Algorithmus beschrieben: (Abb. 4 — 6)

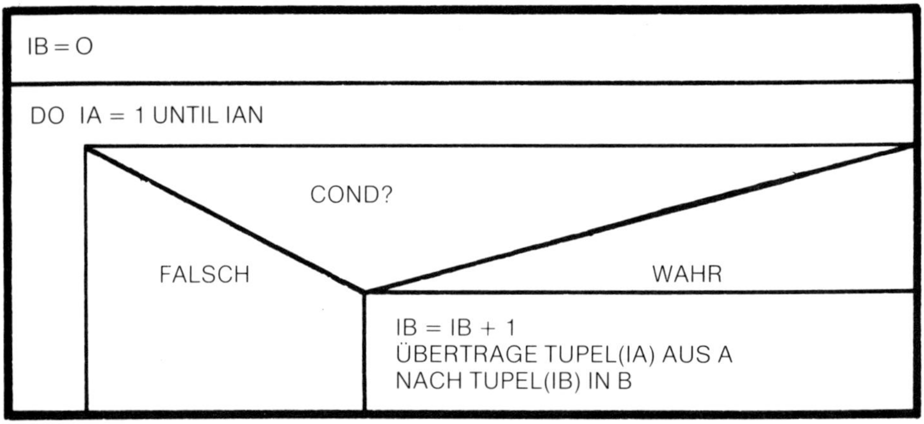

Abb. 4 — 6 Selektion

Beispiel 32: Selektion

Gegeben ist die Relation A. Wähle aus ihr alle Tupel aus, für die die folgende Bedingung erfüllt ist:

$(A_1 = A_2 \cap A_3 = 5)$

A

A_1	A_2	A_3
1	1	5
2	3	6
3	5	7
4	7	8
5	5	5

Lösung:

$B = A: (A_1 = A_2 \cap A_3 = 5)$

B_1	B_2	B_3
1	1	5
5	5	5

Beispiel 33: Selektion

Gegeben ist die Relation AUFTRAGS-DATEN aus Beispiel 23.

AUFTRAGSDATEN

ANR	TNR	ATME	TERM	ST
A1	T2	1X	10	0
A2	T5	2X	11	0

Heute ist der Fabrikkalendertag 11. Ermittle alle Aufträge, die in Verzug sind, d. h.

- deren Verfügbarkeitstermin TERM < Fabrikkalendertag-Heute ist und
- deren Status ST ≠ abgeschlossen (= 1) ist.

Lösung:

VERZUG = AUFTRAGSDATEN: (TERM < 11 ∩ ST ≠ 1)

ANR	TNR	ATME	TERM	ST
A1	T2	1X	10	0

Der „natural join"

Der natural join erzeugt aus zwei Relationen A und B eine neue Relation C nach folgender Vorschrift:

$$C = A X B : (L_A = L_B) \quad (7)$$

Dabei ist L_A eine Liste von Domänen aus A und L_B eine Liste von Domänen aus B:

$$L_A = \{A_1, A_2, \ldots . A_k\}$$
$$L_B = \{B_1, B_2, \ldots . B_k\}$$

Die Vorschrift (7) besagt, daß das cartesische Produkt der Relationen A und B gebildet wird, und zwar so, daß nur solche Tupel von A und B miteinander verkettet werden, zwischen denen eine Partnerbeziehung besteht.

Zwischen einem Tupel in A und einem Tupel in B besteht dann eine Partnerbeziehung, wenn für alle $1 \leqq j \leqq k$ der Wert der Domäne A_j mit dem Wert der Domäne B_j übereinstimmt.

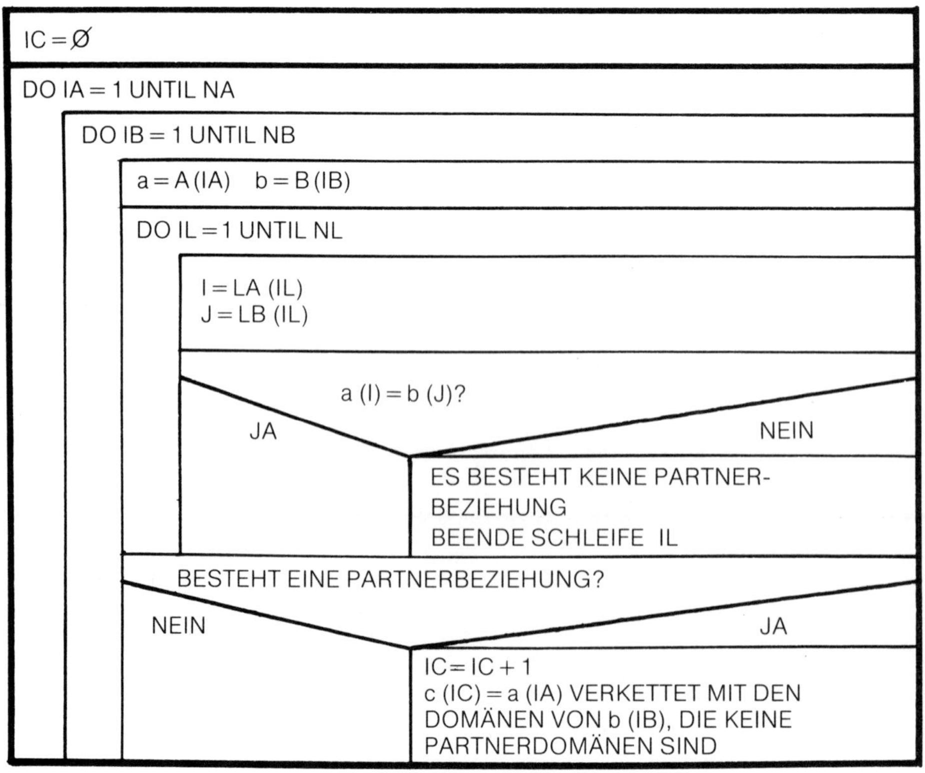

Abb. 4 — 7 natural join

Dann werden alle Domänen des Tupels aus A mit den Domänen des Tupels aus B verkettet, die nicht in der Liste L_B enthalten sind.

Der Algorithmus in Abb. 4 — 7 beschreibt den natural join

$C = A X B: (L_A = L_B) B$

exakter, als es in Worten möglich ist. Dabei gelten die nachstehenden Abkürzungen:

A, B, C	Relationen
a, b, c	Tupelvariablen der Relationen A, B, C
IA, IB, IC	Zeiger in den Relationen A, B, C
NA, NB	Anzahl der Tupel in den Relationen A, B
LA	Liste der Indizes der Partnerdomänen in A, die Liste besteht aus $1 \leqq IL \leqq NL$ Einträgen
LB	Liste der Indizes der Partnerdomänen in B, die Liste besteht aus $1 \leqq IL \leqq NL$ Einträgen

Beispiel 34: natural join

Bilde den natural join der beiden Relationen A und B, wenn die Liste L_A aus den Domänen A_1 und A_3, und die Liste L_B aus den Domänen B_1 und B_2 besteht.

A

A_1	A_2	A_3
A	B	C
U	V	W
X	Y	Z

B

B_1	B_2	B_3	B_4
A	C	1	2
X	Z	6	9
R	S	5	7
X	Z	7	3

Lösung:

$C = A X B: (L_A = L_B)$

A_1	A_2	A_3	B_3	B_4
A	B	C	1	2
X	Y	Z	6	9
X	Y	Z	7	3

Beispiel 35: natural join

Gegeben sind die Relationen ARBEITSPLATZDATEN und ARBEITSFOLGEDATEN.

ARBEITSPLATZDATEN

APZ1	KST	KAP
AP2	4711	8
AP3	4712	4
AP4	4713	8

ARBEITSFOLGEDATEN

ANR	AFO	APZ2	SST	VZ	IST	IET
A1	1	AP2	5	1	0	0
A1	2	AP3	6	2	0	0
A1	3	AP4	8	2	0	0
A2	1	AP3	6	3	0	0
A2	2	AP2	9	2	0	0

Belege die Arbeitsplätze mit den zugehörigen Arbeitsfolgen

Lösung:
ARBEITSPLATZBELEGUNG = ARBEITSPLATZDATEN X ARBEITSFOLGEDATEN: (APZ1 = APZ2)

APZ1	KST	KAP	ANR	AFO	SST	VZ	IST	IET
AP2	4711	8	A1	1	5	1	0	0
AP2	4711	8	A2	2	9	2	0	0
AP3	4712	4	A1	2	6	2	0	0
AP3	4712	4	A2	1	6	3	0	0
AP4	4713	8	A1	3	8	2	0	0

Die Division von Relationen

So wie in der elementaren Algebra der Multiplikation die Division als inverse Rechenoperation gegenübersteht, so steht auch in der relationalen Algebra dem cartesischen Produkt eine Division gegenüber. Um die Division von Relationen besser erklären zu können, wollen wir am Beispiel des cartesischen Produktes zuerst die Begriffe „Urbild" und „Bild" eines Tupels vorstellen.
Gegeben sind die Relationen U und B.

U

U_1	U_2	U_3
A	B	C
U	V	W
X	Y	Z

B

B_1	B_2
1	2
8	9

Wir bilden ihr cartesisches Produkt U X B = C und fassen in C die Domänen von U zur zusammengesetzten Domäne URBILD und die Domänen von B zur zusammengesetzten Domäne BILD zusammen.

C = U X B

URBILD			BILD	
U_1	U_2	U_3	B_1	B_2
A	B	C	1	2
A	B	C	8	9
U	V	W	1	2
U	V	W	8	9
X	Y	Z	1	2
X	Y	Z	8	9

Zu einem Tupel der Domäne URBILD kann es mehrere Tupel der Domäne BILD geben. Wir bezeichnen die Menge dieser Tupel als Bildrelation eines Tupels des URBILDS.

Nun können wir die Division zweier Relationen durch folgende Vorschrift definieren:

$$C = A(L_A : L_B)B \qquad (8)$$

Dabei ist C die Ergebnisrelation, A die Dividendenrelation und B die Divisorrelation. Die Liste L_A heißt Dividendenliste. Sie wählt aus A die Domänen aus, die für die Division bestimmt sind:

$$L_A = \{A_1, A_2, \ldots\ldots A_k\}$$

Die Liste L_B heißt Divisorliste. Sie wählt aus B die für die Division maßgebenden Domänen aus.

$$L_B = \{B_1, B_2, \ldots\ldots B_k\}$$

Bezeichnet man die Tupelvariable der Dividendenrelation mit a, den Urbildtupel mit u und die Anzahl der Tupel in der Dividendenrelation mit IAN, dann beschreibt der folgende Algorithmus die Division zweier Relationen: (Abb. 4 — 8)

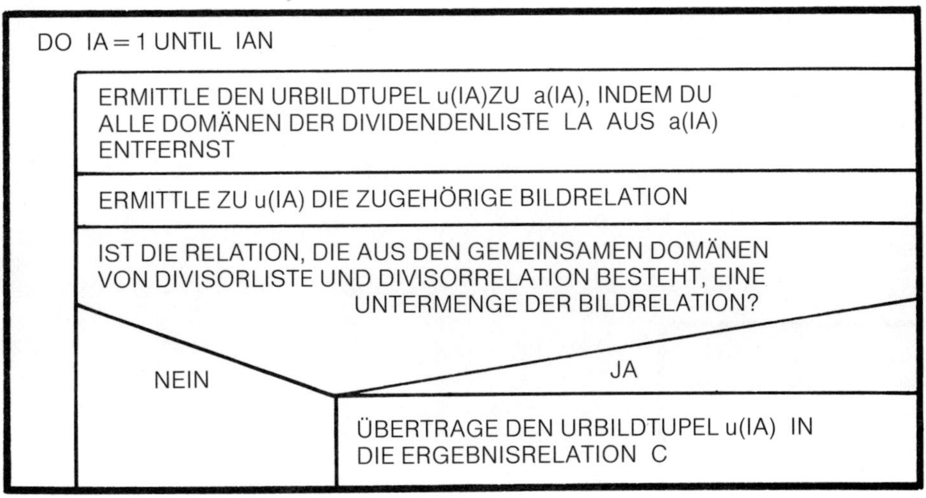

Abb. 4 — 8 Division von Relationen

Beispiel 36: Division zweier Relationen

Dividiere die Relation A durch die Relation B, wenn die Listen L_A und L_B folgende Domänen enthalten:

$L_A = \{B_1, B_2\}$
$L_B = \{B_1, B_2\}$

A

URBILD			BILD	
U_1	U_2	U_3	B_1	B_2
A	B	C	1	2
A	B	C	8	9
U	V	W	1	2
U	V	W	8	9
X	Y	Z	1	2
X	Y	Z	8	9

B

B_1	B_2
1	2
8	9

Lösung: $C = A\,(L_A{:}L_B)\,B$

Tupel (A, B, C): Bildrelation $\begin{pmatrix} 1 & 2 \\ 8 & 9 \end{pmatrix} \supseteq B\,(B_1, B_2) \rightarrow$ Tupel nach C

Tupel (U, V, W): Bildrelation $\begin{pmatrix} 1 & 2 \\ 8 & 9 \end{pmatrix} \supseteq B\,(B_1, B_2) \rightarrow$ Tupel nach C

Tupel (X, Y, Z): Bildrelation $\begin{pmatrix} 1 & 2 \\ 8 & 9 \end{pmatrix} \supseteq B\,(B_1, B_2) \rightarrow$ Tupel nach C

d. h. die Relation C besteht aus den folgenden Tupeln:

C

U_1	U_2	U_3
A	B	C
U	V	W
X	Y	Z

Beispiel 37: Division von Relationen

Dieses Beispiel wurde aus einem bestimmten Grund ins Buch aufgenommen. Zusammen mit Beispiel 50 soll es zeigen, daß die Division in der relationalen Algebra dem Allquantor im relationalen Kalkül entspricht.

Gegeben sind die Relationen ARBEITSPLATZBELEGUNG und ARBEITSPLATZ.

ARBEITSPLATZ

APZ2	KST	KAP
AP2	4711	8
AP3	4712	4
AP4	4713	8

ARBEITSPLATZBELEGUNG

APZ1	ANR
AP2	A1
AP2	A2
AP3	A1
AP3	A2
AP4	A1

Ermittle die Aufträge, die an allen Arbeitsplätzen gefertigt werden.

Lösung:

AUF = ARBEITSPLATZBELEGUNG ((APZ1):(APZ2)) ARBEITSPLATZ

Tupel (A1): Bildrelation $\begin{pmatrix} \text{AP2} \\ \text{AP3} \\ \text{AP4} \end{pmatrix} \supseteq$ ARBEITSPLATZ (APZ2) → A1 nach AUF

Tupel (A2): Bildrelation $\begin{pmatrix} \text{AP2} \\ \text{AP3} \end{pmatrix} \not\supseteq$ ARBEITSPLATZ (APZ2)

Nur der Auftrag A1 wird an allen Arbeitsplätzen bearbeitet.

AUF

ANR
A1

Synthese der Division

In manchen relationalen Sprachen ist weder der Allquantor noch die Division von Relationen implementiert. Dann kann mit Hilfe der folgenden Formel die Division auf die Grundoperationen der relationalen Algebra zurückgeführt werden. /12/

$$R\,[C{:}D]\,S = R(\bar{C}) - [\,[R(\bar{C}) X S(D)] - R\,]\,(\bar{C}) \qquad (9)$$

Die Ausdrücke in den runden Klammern sind Auswahllisten für die Projektion. Insbesondere ist C eine Liste, die man dadurch erhält, daß man das Komplement von C bezüglich der Domänen der zu projizierenden Relation bildet.

4.1.3 Das Problem der Navigation

Die relationale Algebra ermöglicht es dem Benutzer, relationale Datenbanken auszuwerten. Will der Benutzer bestimmte Informationen aus der Datenbank gewinnen, dann muß er überlegen:

— welche Relationen er benötigt und
— in welcher Reihenfolge er die Rechenoperationen der relationalen Algebra anwendet.

Auf diese Weise „navigiert" der Benutzer längs der Assoziationen zwischen den Relationen durch die Datenbank. (Abb. 4 — 9)

Das folgende Beispiel soll dem Leser eine Vorstellung vermitteln, wie komplex eine Abfrage sein kann, die vernetzte Datenstrukturen mit den Rechenoperationen der relationen Algebra abarbeitet.

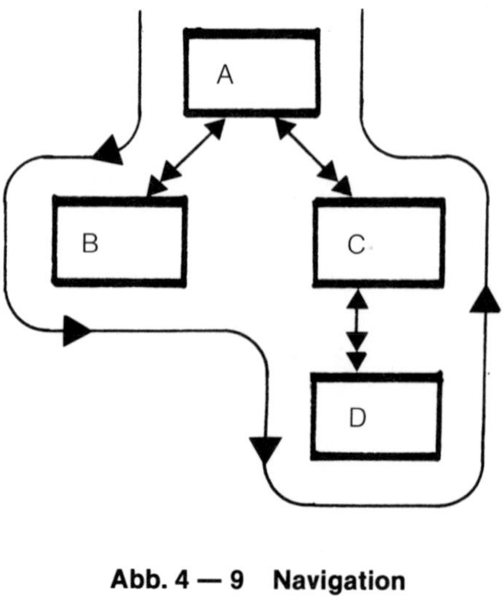

Abb. 4 — 9 Navigation

Beispiel 38: Der Programmierer muß navigieren

Gegeben ist das konzeptuelle Schema K5 aus Beispiel 23. Zu diesem Schema gehören die folgenden Relationen:

Programmiere mit Hilfe der relationalen Algebra die folgende Abfrage: Welche Aufträge belasten die Kostenstelle 4712 und an welchen Arbeitsplätzen geschieht dies?

AUFTRAGSDATEN: A

ANR	TNR	ATME	TERM	ST
A1	T2	1X	10	0
A2	T5	2X	11	0

ARBEITSPLATZDATEN: AZ

APZ	KST	KAP
AP2	4711	8
AP3	4712	4
AP4	4713	8

AUFTRAGSARBEITSFOLGEN: AFO

ANR2	AFO	APZ1	SST	VZ	IST	IET
A1	1	AP2	5	1	0	0
A1	2	AP3	6	2	0	0
A1	3	AP4	8	2	0	0
A2	1	AP3	6	3	0	0
A2	2	AP2	9	2	0	0

Lösung:

1. Schritt: Selektion

AZ1 = AZ: (KST = 4712)

APZ	KST	KAP
AP3	4712	4

2. Schritt: Projektion

AZ2 = AZ1 (APZ, KST)

APZ	KST
AP3	4712

3. Schritt: Join

AZ3 = AZ2 X AFO: (APZ = APZ1)

APZ	KST	ANR2	AFO	SST	VZ	IST	IET
AP3	4712	A1	2	6	2	0	0
AP3	4712	A2	1	6	3	0	0

4. Schritt: Projektion

AFO1 = AZ3 (APZ, KST, ANR2)

APZ	KST	ANR2
AP3	4712	A1
AP3	4712	A2

Die Kostenstelle 4712 wird durch die Aufträge A1 und A2 belastet und zwar nur am Arbeitsplatz AP3.

4.1.4 Die semantische Integrität

Ein Attribut einer Relation hat allein keine Bedeutung. Es erhält sie erst, wenn man es in Zusammenhang mit einem seiner candidate keys sieht.

Deshalb muß bei allen Rechenoperationen der relationalen Algebra darauf geachtet werden, daß ein Attribut nur zusammen mit einem seiner candidate keys in eine Ergebnisrelation übernommen wird.

Beispiel 39: Semantische Integrität
Gegeben ist die Arbeitsplatzrelation AZ

Zeige, daß die Operationen der relationalen Algebra zu falschen Ergebnissen führen, wenn durch eine Projektion Attribute ohne einen ihrer candidate keys in einer neuen Relation abgespeichert werden.

AZ

APZ	KST	KAP
AP2	4711	8
AP3	4712	4
AP4	4713	8
AP5	4713	7

Lösung:
Die Lösung erfolgt in zwei Schritten:
Schritt 1:

Zuerst wird AZ durch zwei Projektionen in die zwei Relationen AZ1 und AZ2 zerlegt, die nur die Domäne KST gemeinsam haben. Dann werden AZ1 und AZ2 durch einen Join wieder zusammengefügt.

AZ1 = AZ (APZ, KST)

APZ	KST1
AP2	4711
AP3	4712
AP4	4713
AP5	4713

AZ2 = AZ (KST, KAP)

KST2	KAP
4711	8
4712	4
4713	8
4713	7

AZ3 = AZ1 × AZ2: (KST1 = KST2)
≠ AZ

APZ	KST1	KAP
AP2	4711	8
AP3	4712	4
AP4	4713	8
AP4	4713	7
AP5	4713	8
AP5	4713	7

AZ3 stimmt mit AZ nicht überein.

Schritt 2:
Jetzt wird AZ durch zwei Projektionen in die zwei Relationen AZA und AZB zerlegt, die beide den primary key APZ (= einziger candidate key) gemeinsam haben. Dann werden AZA und AZB durch einen Join wieder zusammengefügt.

AZA = AZ (APZ, KST)

APZA	KST
AP2	4711
AP3	4712
AP4	4713
AP5	4713

AZB = AZ (APZ, KAP)

APZB	KAP
AP2	8
AP3	4
AP4	8
AP5	7

AZC = AZA × AZB: (APZA = APZB)

APZ	KST	KAP
AP2	4711	8
AP3	4712	4
AP4	4713	8
AP5	4713	7

In diesem Fall stimmt AZC mit AZ überein.

4.2 Der relationale Kalkül

Der relationale Kalkül ist eine Sprache, die auf den Regeln der Prädikatenlogik aufbaut. Sie ermöglicht es uns, mathematisch präzise zu beschreiben, welche Informationen wir aus einer relationalen Datenbank gewinnen wollen.

Im Gegensatz zur relationalen Algebra müssen wir nicht mehr überlegen, *wie* das geschieht. Diese Arbeit übernimmt der Computer. Er entscheidet selbständig, welche Rechenoperationen dazu erforderlich sind und in welcher Reihenfolge sie ausgeführt werden, um das gewünschte Ergebnis bereitzustellen.

Der Kalkül ist aber noch nicht die eigentliche Benutzersprache. Es ist dem Benutzer nicht zuzumuten, daß er sich die Regeln der Prädikatenlogik zu eigen macht, bevor er eine relationale Sprache anwendet. Der Kalkül muß daher in eine Sprache umgesetzt werden, die leicht zu erlernen ist und die es dem Benutzer ermöglicht, ohne großen Aufwand Probleme zu formulieren und sie dem Computer mitzuteilen. Ob solche Sprachen erfolgreich eingesetzt werden können, wird im wesentlichen von drei Faktoren bestimmt:

— von ihrer Effizienz
— von ihrer Benutzerfreundlichkeit und
— von den organisatorischen Voraussetzungen im Unternehmen

Die Effizienz einer relationalen Benutzersprache hängt davon ab, ob es dem Computer gelingt, die folgenden zwei Aufgaben zu lösen, nämlich die Operationen der relationalen Algebra mit geringstmöglichem Aufwand auszuführen und ihre Reihenfolge so zu ermitteln, daß weder zuviel Rechenzeit noch zu viel Speicherplatz konsumiert wird. Die Art und Weise, wie diese Aufgaben gelöst werden, wird stark davon beeinflußt, wie häufig der Benutzer eine bestimmte Aufgabe vom Computer ausführen läßt, und in welcher Zeit er das Ergebnis wünscht. (Antwortzeitverhalten)

Die Benutzerfreundlichkeit ist ein besonders wichtiges Qualitätsmerkmal. Die Sprache muß einfach zu erlernen und ohne großen Aufwand anwendbar sein. Das schließt mit ein, daß die Fehlerdiagnostik der Sprache leicht zu verstehen und so vollständig wie möglich sein soll. Sie muß den Benutzer auf Fehler in der Syntax und, wenn möglich, auch in der Semantik (semantische Integrität) seiner Abfrage aufmerksam machen.

Und noch etwas ist zu beachten. Selbst einfache Abfragen können dazu führen, daß der Computer hoch belastet wird, z. B. dann, wenn er große Teile der Datenbank „durchkämmen" muß, um die gewünschte Information bereitzustellen. In solchen Fällen soll der Computer den Benutzer auf diesen Sachverhalt hinweisen und ihn fragen, ob die Abfrage abgebrochen oder weiterbearbeitet werden soll.

Die relationalen Sprachen ermöglichen es dem Benutzer, selbständig Anwendungsprogramme zu entwickeln. Er entlastet dadurch einerseits die Datenverarbeitung, auf der anderen Seite tritt er mit ihr in Konkurrenz. Damit diese Sprachen den Erfolg bringen, den man von ihnen erhofft, muß die Unternehmensleitung die *organisatorischen Voraussetzungen* dafür schaffen. Insbesondere müssen die folgenden Fragen geprüft und klare Verantwortlichkeiten festgelegt werden:

— Wer ist verantwortlich dafür, ob das konzeptuelle Schema der Daten eines Unternehmens korrekt ist?
— Wer ist verantwortlich für die Qualität der Daten?
— Wer ist verantwortlich dafür, ob die Ergebnisse der von den Benutzern geschriebenen Programme korrekt sind?
— Wer ist verantwortlich für die Pflege der vom Benutzer geschriebenen Anwenderprogramme?
— Welche Rechte hat die Datenverarbeitung um sicherzustellen, daß der Computer sicher und effizient betrieben und ein gutes Antwortzeitverhalten im online-Betrieb erreicht werden kann?

Nachdem wir überlegt haben, unter welchen Voraussetzungen Benutzersprachen erfolgreich eingesetzt werden können, wollen wir uns wieder dem relationalen Kalkül zuwenden und am Beispiel einer modernen relationalen Benutzersprache zeigen, wie er implementiert wurde. Wir tun dies in zwei Schritten:

4.2.1 Quantoren
4.2.2 Der relationale Kalkül und seine Implementierung durch SQL

Kapitel 4.2.1 erläutert die Bedeutung der Quantoren und schafft so die Voraussetzung, um den relationalen Kalkül zu verstehen.

Kapitel 4.2.2 zeigt, aus welchen Bausteinen der relationale Kalkül aufgebaut ist und stellt diesen Bausteinen die grundsätzlichen Lösungsmöglichkeiten in der relationalen Benutzersprache SQL gegenüber.

4.2.1 Quantoren

Bevor wir Syntax und Semantik des relationalen Kalküls vorstellen, müssen wir uns damit befassen, wie Aussagen mit Quantoren konstruiert werden und damit, was diese Aussagen bedeuten. Die Worte „einige", „alle" und „kein" sind Quantoren. Sie geben an, wieviel Elemente einer bestimmten Menge gerade betrachtet werden. /14/

Die wichtigsten Quantoren, die der relationale Kalkül verwendet sind:

- der Existenzquantor $\exists x$
- der Universalquantor $\forall x$

und ihre Negation.

Der Existenzquantor $\exists x$

Der Existenzquantor $\exists x$ sagt aus, daß eine bestimmte Aussage p für mindestens ein x aus einer Menge X wahr ist:

$\exists x \in X(p)$

Da sich $\exists x$ auf eine bestimmte Menge erlaubter Werte von X bezieht, muß diese Menge immer angegeben werden.

Beispiel 40: Der Existenzquantor

Gegeben ist die Menge $X = \{1, 2, 3, 4, 5\}$ und die Aussage
p: $x^2 - 5x + 6 = 0$. Ermittle die Werte von X, für die die quadratische Gleichung p eine wahre Aussage ist.

Lösung:

$\exists\ x \in X(x^2 - 5x + 6 = 0)$
$x_{1/2} = +(5/2) \pm \sqrt{(25/4) - 6}$
$x_1 = 2$
$x_2 = 3$
Die Aussage p: $x^2 - 5x + 6 = 0$ ist für die Werte $x_1 = 2$ und $x_2 = 3$ aus der Menge X wahr.

Der Universalquantor

Der Universalquantor sagt aus, daß eine bestimmte Aussage p für alle x aus einer Menge X wahr ist:

$\forall\ x \in X(p)$

Da sich $\forall x$ wieder auf eine bestimmte Menge bezieht, muß diese Menge immer angegeben werden.

Beispiel 41: Der Universalquantor

Gegeben ist die Menge X aller Zahlen und die Aussage
p:$(x-2)(x-3) = x^2 - 5x + 6$. Prüfe, ob die Aussage p für alle Zahlen erfüllt ist.

Lösung:

$\forall\ x \in X((x-2)(x-3) = x^2 - 5x + 6)$
$(x-2)(x-3) = x^2 - 2x - 3x + 6 = x^2 - 5x + 6$
Die Aussage p ist für alle Zahlen wahr.

Die Negation

Werden Aussagen, die mit Quantoren behaftet sind, verneint, dann gelten die folgenden Formeln:

$$\neg(\exists\ xp) = \forall\ x(\neg p) \qquad (10)$$
$$\neg(\forall\ xp) = \exists\ x(\neg p) \qquad (11)$$

Formel 10 bedeutet in Worten, daß die Aussagen A1 und A2 gleichwertig sind:

A1: es trifft nicht zu, daß mindestens ein x der Menge X die Aussage p wahr macht.
A2: alle x der Menge X machen die Aussage p falsch.

Formel 11 bedeutet in Worten, daß die Aussagen A3 und A4 gleichwertig sind:

A3: es trifft nicht zu, daß die Aussage p für alle Werte x aus X wahr ist.

A4: es gibt mindestens ein x aus X, für das die Aussage p falsch ist.

Beispiel 42: Negation von Quantoren

Verneine die folgenden Aussagen:
- alle Tiroler sind gute Skifahrer
- es gibt Tiroler, die gute Skifahrer sind

Lösung:

- es gibt mindestens einen Tiroler, der ein schlechter Skifahrer ist
- alle Tiroler sind schlechte Skifahrer

4.2.2 Der relationale Kalkül und seine Implementierung durch SQL

In diesem Kapitel wird der Aufbau des relationalen Kalküls am Beispiel der relationalen Grundoperationen

- Vereinigung
- Differenz
- Selektion
- cartesisches Produkt
- Projektion
- Join und
- Division

gezeigt und den Lösungen der „structured query language" SQL von IBM /15, 16/ gegenübergestellt. Jede Lösung wird durch ein Nassi-Shneidermann Diagramm /17/ kommentiert. Es erklärt auf anschauliche Weise die Semantik des Kalküls und das Zusammenspiel der freien und gebundenen Tupelvariablen, ohne jedoch den Anspruch zu erheben, den internen Ablauf von SQL widerzuspiegeln.

Der relationale Kalkül ist im Grunde genommen sehr einfach aufgebaut. Er besteht aus einer Formel, in der der Name einer Tupelvariablen e durch einen Doppelpunkt von einer Aussage A getrennt ist.

e : A (12)

Die Tupelvariable e legt fest, aus welchen Domänen die Ergebnisrelation E besteht und welche Wertetupel in sie aufgenommen werden. Es werden nur jene Tupel e in die Ergebnisrelation E übernommen, die die Aussage A wahr machen.

Die Aussage A setzt sich aus *Bereichsaussagen* und *Vergleichsaussagen* zusammen, die durch die logischen Operatoren

$\cap$, $\cup$ und $\neg$

miteinander verknüpft bzw. durch die Quantoren

$\exists$ und $\forall$

quantifiziert werden.

Die „structured query language" SQL ist eine relationale Sprache, die die IBM in Deutschland im Herbst 1981 auf den Markt brachte. Obwohl SQL, wie die meisten relationalen Sprachen, auch über arithmetische Rechenoperationen, Maximum- und Minimumbildung, Sortieren usw. verfügt /15, 16/, so bestimmen doch die Befehle die Struktur der Sprache, die die relationalen Grundoperationen ausführen. Der wichtigste unter ihnen, der SELECT-Befehl, spiegelt deutlich den Aufbau des relationalen Kalküls wider. Er besteht aus drei Klauseln:

- der SELECT-Klausel
- der FROM-Klausel und
- der WHERE-Klausel.

Die SELECT-Klausel legt fest, aus welchen Domänen die Ergebnisrelation besteht. Die FROM-Klausel legt fest, aus welchen Relationen die Ergebnisrelation gewonnen wird. Ihr entsprechen im relationalen Kalkül die Tupelvariablen, deren Wertebereich durch einen Quantor festliegt, d. h. an eine Relation gebunden wird. Sieht man davon ab, daß die Wertebereiche der Tupel bereits separat in der FROM-Klausel definiert wurden, so entspricht die WHERE-Klausel der Aussage A im relationalen Kalkül. (range separability /12/)

Bereichsaussagen:

Bereichsaussagen stellen fest, ob ein Wertetupel einer Relation angehört oder nicht.

Syntax: ⟨Bereichsaussage⟩ :: = s.R
Semantik: Eine Bereichsaussage s.R ist eine Aussage, für die folgendes gilt:

Setzt man einen Wert s_0 der Tupelvariablen s in die Bereichsaussage s.R ein, so ist diese Aussage wahr, wenn s_0 ein Tupel von R ist, sie ist falsch, wenn s_0 kein Tupel von R ist.

Beispiel 43: Vereinigung von Relationen

Gegeben sind die Relationen A und B. Der Kopf jeder Relation besteht aus zwei Überschriftszeilen. Die erste enthält die Namen der Domänen im Format des relationalen Kalküls, die zweite im Format von SQL.

A

a (1)	a (2)	a (3)
A1	A2	A3
A	11	XX
B	12	CC
C	13	DD
D	14	YY

B

b (1)	b (2)	b (3)
B1	B2	B3
A	11	XX
E	13	WW
F	09	RR

Vereinige die beiden Relationen.

Lösung:

Kalkül: c: [c.A ∪ c.B]

```
SQL: SELECT ☆ FROM A —
              UNION —
     SELECT ☆ FROM B
```

Nassi-Shneiderman Diagramm:
Ist NB die Anzahl der Tupel und b(IB) der IB-te Tupel von B, dann beschreibt das folgende Diagramm die Vereinigung: (Abb. 4 — 10)

Ergebnisrelation:

C

c (1)	c (2)	c (3)
C1	C2	C3
A	11	XX
B	12	CC
C	13	DD
D	14	YY
E	13	WW
F	09	RR

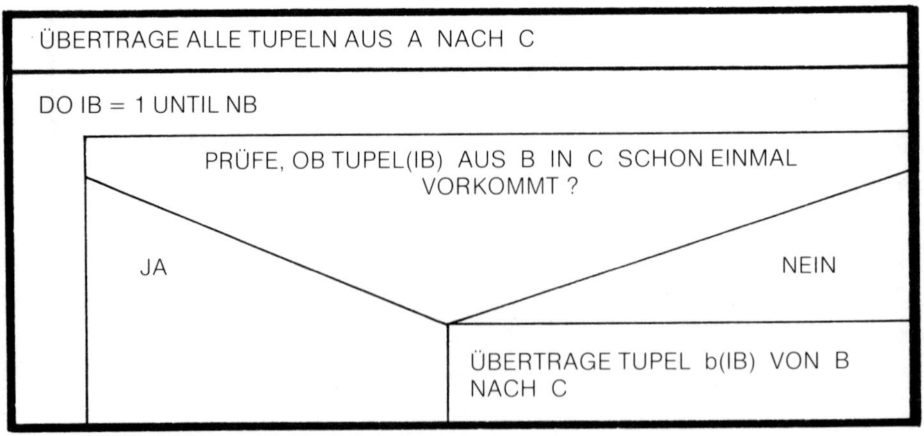

Abb. 4 — 10 Vereinigung von Relationen

Beispiel 44: Differenz von Relationen
Gegeben sind die beiden Relationen C und B.

C

c (1)	c (2)	c (3)
C1	C2	C3
A	11	XX
B	12	CC
C	13	DD
D	14	YY
E	13	WW
F	09	RR

B

b (1)	b (2)	b (3)
B1	B2	B3
A	11	XX
E	13	WW
F	09	RR

Entferne alle Tupel aus der Relation C, die auch in B vorkommen.

Lösung:

Kalkül: c: [c.C ∩ ¬ c.B]

SQL: DELETE FROM C —
WHERE —
C1 IN (SELECT B1 FROM B)

Nassi-Shneiderman-Diagramm:
Ist NB die Anzahl der Tupel und b(IB) der IB-te Tupel von B, dann beschreibt das folgende Diagramm die Differenz: (Abb. 4 — 11)

Ergebnisrelation:

C

c (1)	c (2)	c (3)
C1	C2	C3
B	12	CC
C	13	DD
D	14	YY

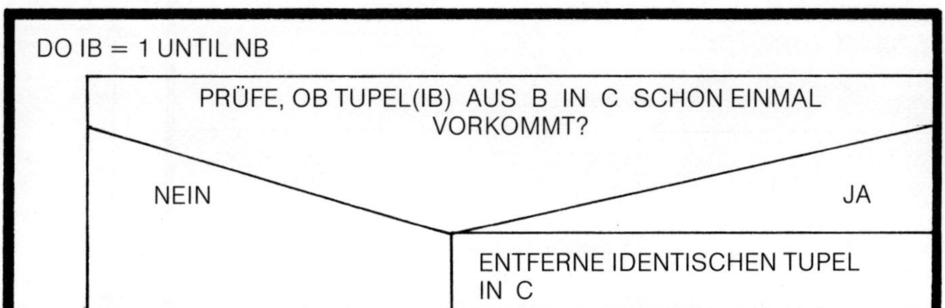

Abb. 4 — 11 Differenz von Relationen

Einschränkung:

Der relationale Kalkül ermöglicht es uns, Bereichsaussagen so zu konstruieren, daß sich Relationen mit unendlich vielen Tupeln ergeben, z. B.:

t: ¬ t.R oder x: x.R ∪ ¬ x.S

Die Relation T hat dann dieselben Domänen wie R, besteht aber aus allen möglichen Tupeln, sofern sie nur nicht in R enthalten sind.

Die Relation X besteht aus allen Tupeln von R und zusätzlich allen erdenklichen Tupeln, sofern sie nur nicht in S enthalten sind. In der Praxis wird man solche Konstruktionen vermeiden.

Vergleichsaussagen

Vergleichsaussagen verknüpfen die Domänenwerte von Tupelvariablen durch die arithmetischen Vergleichsoperatoren.

Syntax:

⟨Vergleichsaussage⟩ :: =
:: = ⟨s(i) ☆ u (j)⟩ | ⟨s(i) ☆ a⟩ | ⟨a ☆ s(i)⟩ | ⟨s(i) ☆ s(j)⟩

Semantik:

Eine Vergleichsaussage verknüpft den Wert der i-ten-Domäne des Tupels s mit der j-ten Domäne des Tupels u durch einen der arithmetischen Vergleichsoperatoren ☆ ∈ {=, ≠, <, ≦, >, ≧}. Anstelle eines Domänenwertes kann auch eine Konstante a in der Vergleichsaussage stehen. Ebenso können die Werte der verschiedenen Domänen s(i) und s(j) desselben Tupels s verglichen werden.

Beispiel:
a(1) = b(2), a(2) ≠ 5, 17 ≦ b(3), a(4) > a(2)

Freie und gebundene Variable

In einer Aussage können freie und gebundene Variable vorkommen. Eine Tupelvariable ist gebunden, wenn ihr Wertebereich in der Aussage selbst definiert wird. Sie ist frei, wenn ihr Wertebereich außerhalb der Aussage festgelegt wird.

Im relationalen Kalkül gibt es zwei Möglichkeiten, den Wertebereich einer Tupelvariablen festzulegen, nämlich:

— durch den Existenzquantor ∃ oder
— durch den Universalquantor ∀

Der Existenzquantor ∃ schränkt den Wertebereich einer Tupelvariablen s, die in einer Aussage $A_1(s, t)$ vorkommt, auf die Tupel der Relation R ein:

$A_2(t) = \exists\, s.R(A_1(s, t))$ (13)

Die Tupelvariable s ist durch den Existenzquantor gebunden und gilt lokal

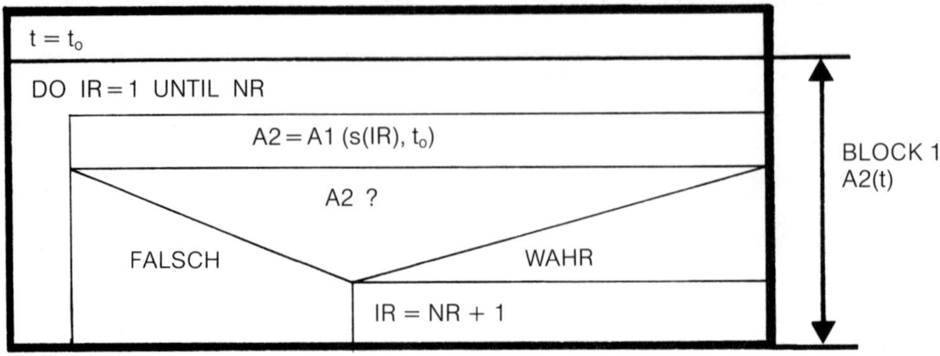

Abb. 4 — 12 Bindung durch den Existenzquantor

für die Aussage A_2. Die Tupelvariable t ist in Bezug auf die Aussage A_2 frei. Ihr Wertebereich ist außerhalb von A_2 festgelegt, sie ist bezüglich A_2 eine globale Variable.

Ist NR die Anzahl der Tupel und s(IR) der IR-te Tupel von R, dann ermittelt Abb. 4 — 12 den Wahrheitswert von A_2.

Die Aussage $A_2(t)$ ist wahr, wenn es zu einem Wert t_0 der globalen Variable t mindestens einen Wert s(IR) $\in$ R gibt, der die Aussage A_1 wahr macht. Für „Block1" ist t eine globale und s eine lokale Tupelvariable.

Der Universalquantor $\forall$ schränkt den Wert einer Tupelvariablen s, die in einer Aussage $A_1(s, t)$ vorkommt, auf die Tupeln einer Relation R ein:

$$A_2(t) = \forall s.R(A_1(s, t)) \qquad (14)$$

Wieder ist die Tupelvariable s gebunden und gilt lokal für A_2 und wieder ist t bezüglich A_2 eine freie bzw. globale Variable. Die Formel (13) unterscheidet sich von Formel (14) nur dadurch, daß der Wahrheitswert von A_2 anders errechnet wird. (Abb. 4 — 13)

Die Aussage $A_2(t_0)$ ist nur dann wahr, wenn jeder Wert s(IR) $\in$ R die Aussage $A_1(s(IR), t_0)$ wahr macht.

In Formel (12) ist e die einzige freie Variable, die in der Aussage A vorkommt. Alle anderen Tupelvariablen müssen gebunden sein, damit das Ergebnis des Kalküls wieder eine Relation wird.

Präzedenzregel:
Die Operatoren im relationalen Kalkül müssen in der folgenden Reihenfolge abgearbeitet werden:

1.) arithmetische Vergleiche
2.) Quantoren
3.) $\neg$
4.) $\cap$
5.) $\cup$

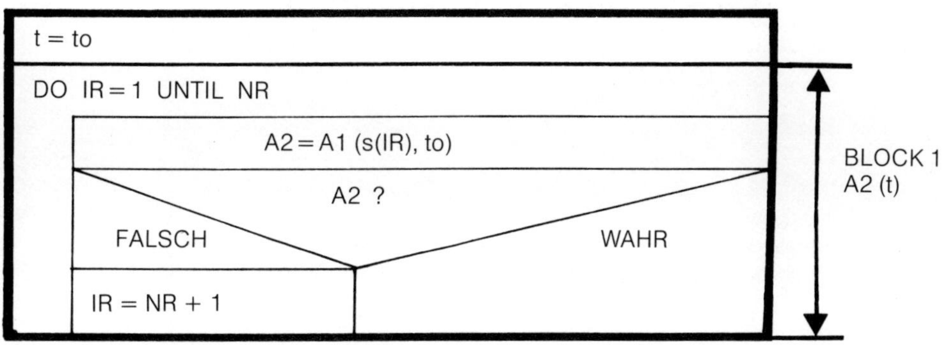

Abb. 4 — 13 Bindung durch den Universalquantor

Beispiel 45. Die Selektion
Gegeben ist die Relation A.

A

a (1)	a (2)	a (3)
A1	A2	A3
1	1	5
2	3	6
3	5	7
4	7	8
5	5	5

Wähle aus ihr alle Tupel aus, für die die folgende Bedingung gilt:

$A_1 = A_2 \cap A_3 = 5$

Lösung:
Kalkül:
b: $\exists$a.A (a(1) = a(2) $\cap$ a(3) = 5 $\cap$ a = b)

Dabei bedeutet die Abkürzung „a = b“, daß die Tupelvariablen a und b in den Werten aller ihrer Domänen übereinstimmen.

SQL: SELECT ☆ FROM A WHERE A1 = A2 AND A3 = ‘5’

Nassi-Shneiderman-Diagramm:
Das folgende Diagramm beschreibt die Selektion. In ihm bedeuten:

NA — die Anzahl der Tupel von A

A(IA), A(JA) — der IA-te bzw. JA-te Tupel von A

a,b — die Tupelvariablen von A und B mit ihren Domänen a(i) und b(i)
a = {a(1), a(2), a(3)}
b = {b(1), b(2), b(3)}
(Abb. 4 — 14)

Ergebnisrelation:

B

b (1)	b (2)	b (3)
B1	B2	B3
1	1	5
5	5	5

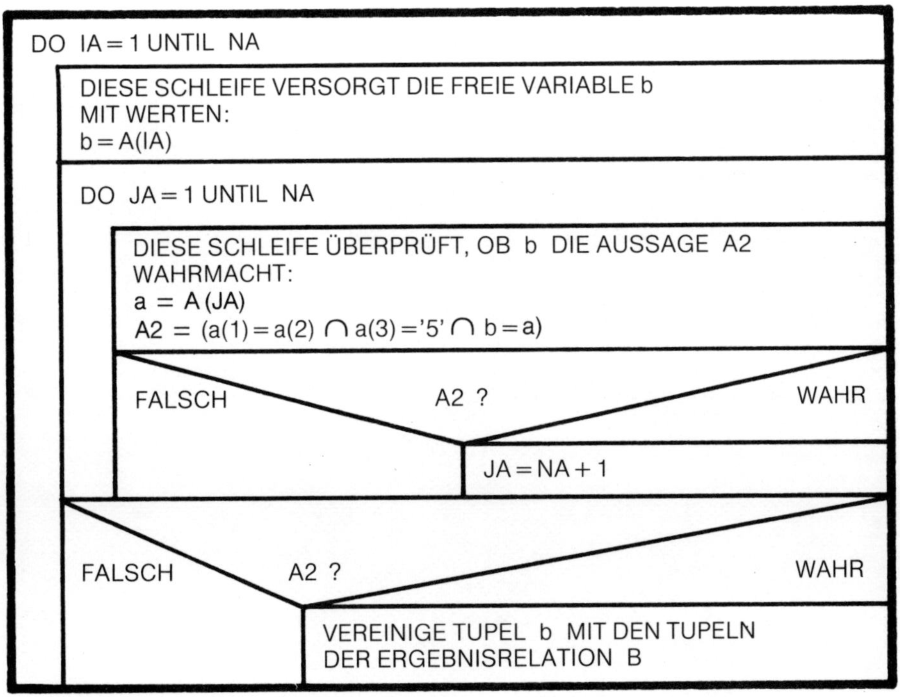

Abb. 4 — 14 Selektion

Beispiel 46: Das cartesische Produkt
Gegeben sind die Relationen A und B.

A

a (1)	a (2)	a (3)
A1	A2	A3
A	B	C
U	V	W
X	Y	Z

B

b (1)	b (2)
B1	B2
1	2
8	9

Bilde das cartesische Produkt von A und B.

Lösung:
Kalkül: $c: \exists\, a.A\ \exists\, b.B\, (c(1) = a(1) \cap c(2) = a(2) \cap c(3) = a(3) \cap c(4) = b(1) \cap c(5) = b(2))$

SQL: SELECT ☆ FROM A,B

Nassi-Shneiderman-Diagramm:
Das cartesische Produkt wird durch das folgende Diagramm beschrieben. In ihm bedeuten: (Abb. 4 — 15)

NA	die Anzahl der Tupel von A
NB	die Anzahl der Tupel von B
A(IA), A(JA)	der IA-te bzw. JA-te Tupel von A
B(IB), B(JB)	der IB-te bzw. JB-te Tupel von B
a, b, c	die Tupelvariablen von A, B, C mit ihren Domänen a(i), b(i) und c(i)

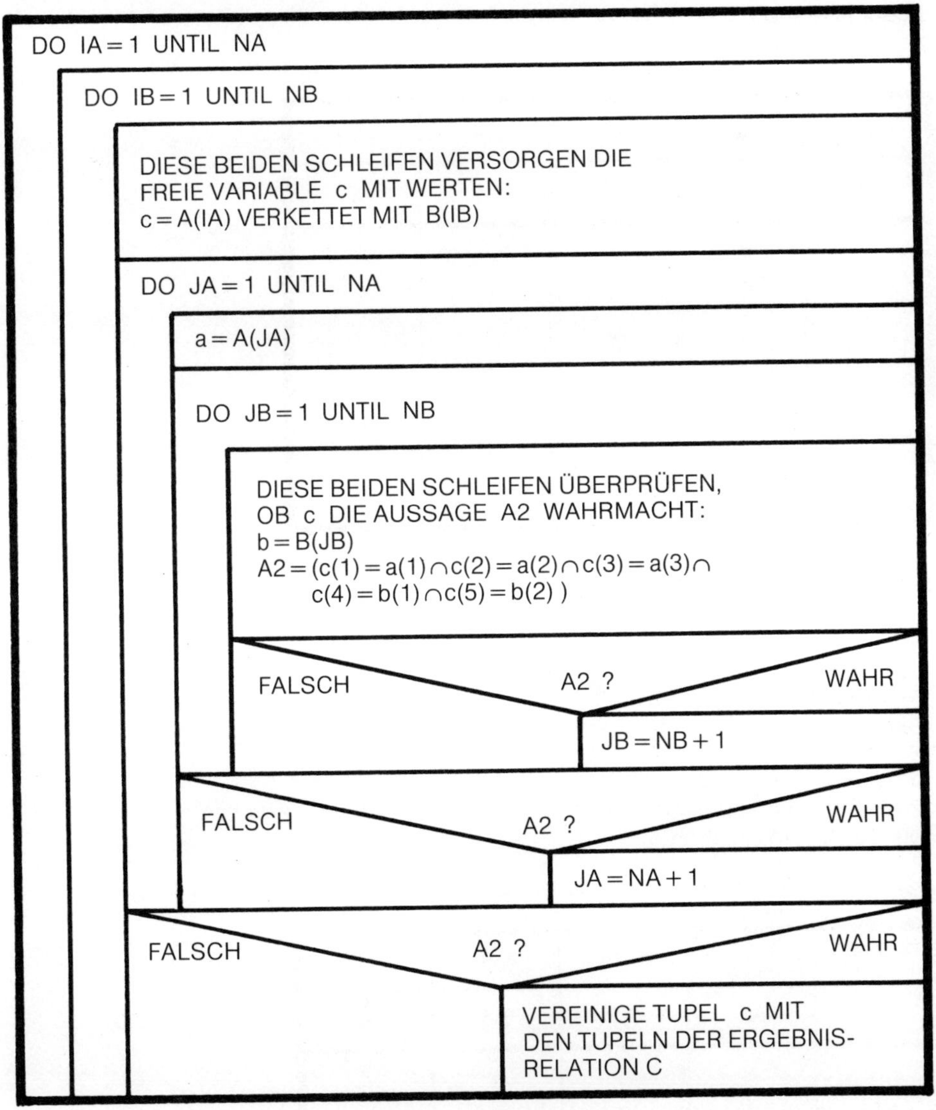

Abb. 4 — 15 cartesisches Produkt

Ergebnisrelation:

C

c (1)	c (2)	c (3)	c (4)	c (5)
C1	C2	C3	C4	C5
A	B	C	1	2
A	B	C	8	9
U	V	W	1	2
U	V	W	8	9
X	Y	Z	1	2
X	Y	Z	8	9

Abb. 4 — 16 cartesisches Produkt

Beispiel 47: Die Projektion
Gegeben ist die Relation A.

A

a (1)	a (2)	a (3)	a (4)	a (5)
A1	A2	A3	A4	A5
A	1	X	Y	Z
B	1	X	Y	Z
C	2	U	V	W
D	3	A	B	C

Erzeuge eine Relation B, die nur aus den Domänen A_2, A_4 und A_3 besteht.

Lösung:

Kalkül: b: $\exists a.A\,(b(1) = a(2) \cap b(2) = a(4) \cap b(3) = a(3))$

SQL: SELECT A2,A4,A3 FROM A

Nassi-Shneiderman-Diagramm:
Die Projektion wird durch das folgende Diagramm beschrieben. In ihm bedeuten: (Abb. 4 — 17)

NA	die Anzahl der Tupel von A
A(IA), A(JA)	der IA-te bzw. JA-te Tupel von A
a, b	die Tupelvariablen von A und B mit ihren Domänen a(i) und b(i)

Ergebnisrelation:

B

b (1)	b (2)	b (3)
A2	A4	A3
1	Y	X
2	V	U
3	B	A

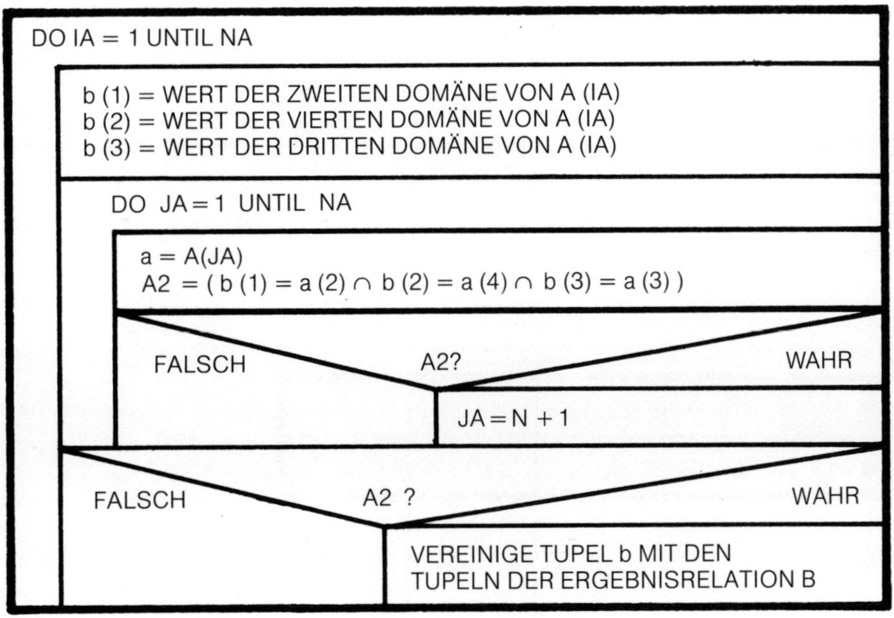

Abb. 4 — 17 Projektion

Beispiel 48: Der natural join

Gegeben sind die Relationen A und B. Ein Schlüssel von A besteht aus den Datenelementen A_1 und A_3, ein Schlüssel von B aus den Datenelementen B_1 und B_2.

A

a (1)	a (2)	a (3)
A1	A2	A3
A	B	C
U	V	W
X	Y	Z

B

b (1)	b (2)	b (3)	b (4)
B1	B2	B3	B4
A	C	1	2
X	Z	6	9
R	S	5	7
X	Z	7	3

Verkette die Tupel von A und B, die in ihren Schlüsseln übereinstimmen und stelle sie in die Ergebnisrelation C.

Lösung:

Kalkül: c: $\exists$a.A $\exists$b.B $(a(1) = b(1) \cap a(3) = b(2) \cap$
$c(1) = a(1) \cap c(2) = a(2) \cap c(3) = a(3) \cap$
$c(4) = b(3) \cap c(5) = b(4))$

SQL: SELECT A1,A2,A3,B3,B4 FROM A,B WHERE A1 = B1 AND A3 = B2

Ergebnisrelation:

C

c (1)	c (2)	c (3)	c (4)	c (5)
A1	A2	A3	B3	B4
A	B	C	1	2
X	Y	Z	6	9
X	Y	Z	7	3

Nassi-Shneiderman-Diagramm:
Der natural join wird durch das folgende Diagramm beschrieben. In ihm bedeuten: (Abb. 4 — 18)

NA	die Anzahl der Tupel von A
NB	die Anzahl der Tupel von B
A(IA), A(JA)	der IA-te bzw. JA-te Tupel von A
B(IB), B(JB)	der IB-te bzw. JB-te Tupel von B
a, b, c	die Tupelvariablen von A, B und C mit ihren Domänen a(i), b(i) und c(i)

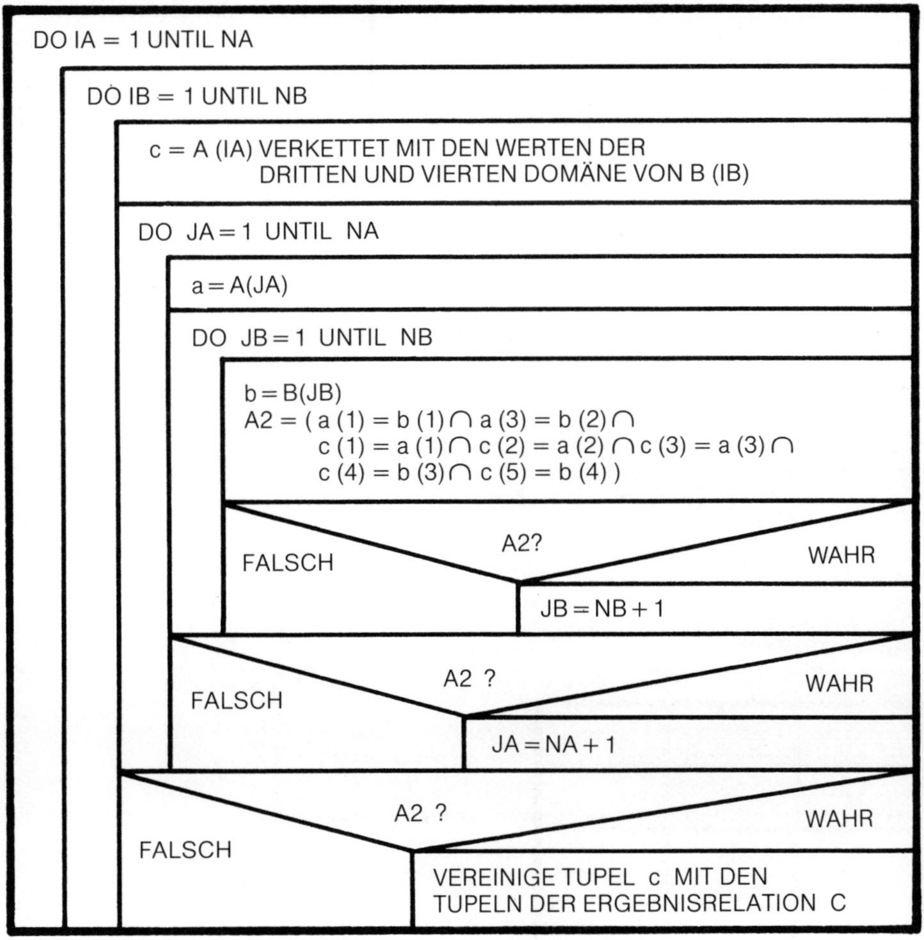

Abb. 4 — 18 natural join

Beispiel 49: Division von Relationen
(der Universalquantor)

Gegeben sind die Relationen A und B.

A

a (1)	a (2)	a (3)	a (4)	a (5)
U1	U2	U3	B3	B4
A	B	C	1	2
A	B	C	8	9
U	V	W	1	2
U	V	W	8	9
X	Y	Z	1	2
X	Y	Z	8	9

B

b (1)	b (2)
B1	B2
1	2
8	9

Ermittle ihren Quotienten.

Lösung:

Kalkül: u: $\forall b.B \exists a.A$ $(a(4) = b(1) \cap a(5) = b(2) \cap u(1) = a(1) \cap u(2) = a(2) \cap u(3) = a(3))$

SQL: Der Universalquantor ist in SQL /15, 16/ nicht definiert, daher muß das Ergebnis gemäß Formel (9) oder wie in Beispiel 50 in mehreren Schritten errechnet werden.

Ergebnisrelation:

U

u (1)	u (2)	u (3)
U1	U2	U3
A	B	C
U	V	W
X	Y	Z

Nassi-Shneiderman-Diagramm:
Die Division wird durch das folgende Diagramm beschrieben. In ihm bedeuten: (Abb. 4 — 19)

NA die Anzahl der Tupel von A
NB die Anzahl der Tupel von B
A(IA) der IA-te Tupel von A
B(IB) der IB-te Tupel von B
u, a, b die Tupelvariablen von U, A und B mit ihren Domänen u(i), a(i) und b(i)

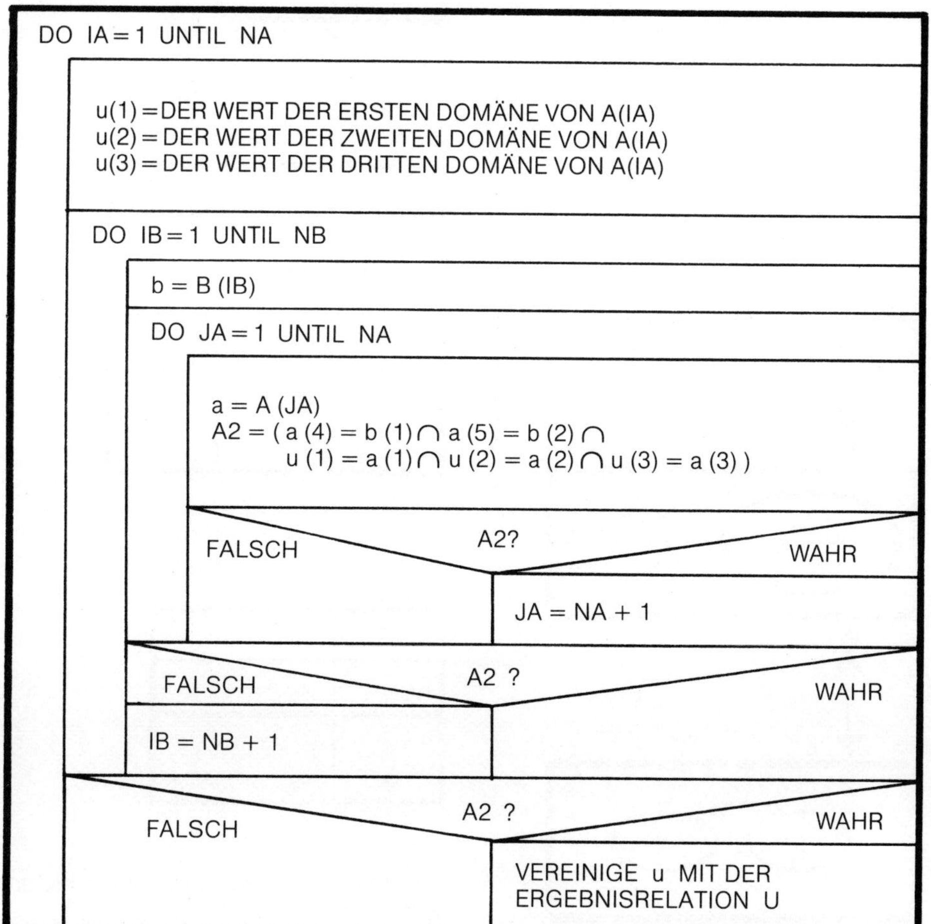

Abb. 4 — 19 Division von Relationen

Beispiel 50: Division von Relationen

Gegeben sind die Relationen S, C und SC. Die Schülerrelation S hat die Domänen Schülernummer SNR und Name N. Die Kursrelation C hat die Domänen Kursnummer CNR und Kursbezeichnung B. Die Relation Kursbelegung SC hat die Domänen Schülernummer SNR, Kursnummer CNR und Note NT.

Schema:

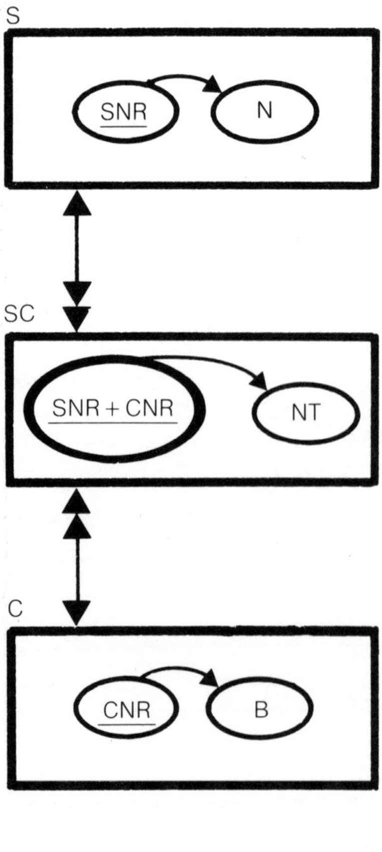

Vorkommen des Schemas:

S

s (1)	s (2)
SNR	N
1	MAYER
2	MÜLLER
3	SCHULZE

SC

sc (1)	sc (2)	sc (3)
SNR	CNR	NT
1	A	1
1	B	2
2	B	1
3	A	3
3	B	2

C

c (1)	c (2)
CNR	B
A	ENGLISCH
B	MATHEMATIK

Ermittle die Namen der Schüler, die *alle* Kurse belegt haben.

Lösung:

Kalkül: e: ∃ s.S∀c.C∃sc.SC (s(1) = sc(1) ∩ c(1) = sc(2) ∩
e(1) = s(2))

SQL: Die Lösung erfolgt in drei Schritten. Zuerst wird die Anzahl der unterschiedlichen Kurse ermittelt:

```
SELECT COUNT (DISTINCT CNR) —
FROM C
```

COUNT (DISTINCT CNR)
2

Dann werden die Relationen S und SC verbunden und das Ergebnis als Relation AUFGABE gespeichert:

```
CREATE VIEW AUFGABE (SNR, N, CNR) —
AS SELECT S.SNR, N, CNR —
FROM S, SC —
WHERE S.SNR = SC.SNR
```

Dann werden aus AUFGABE die Namen der Schüler ausgewählt, die alle (= 2) Kurse besuchen:

```
SELECT N FROM AUFGABE —
GROUP BY N HAVING COUNT(*) = 2
```

Ergebnisrelation:

E

e (1)
N
MAYER
SCHULZE

Nassi-Shneiderman-Diagramm:
Die Division wird durch das folgende Diagramm beschrieben. In ihm bedeuten: (Abb. 4 — 20)

NS	die Anzahl der Tupel von S
NC	die Anzahl der Tupel von C
NSC	die Anzahl der Tupel von SC
S(IS)	der IS-te Tupel von S
C(IC)	der IC-te Tupel von C
SC(ISC)	der ISC-te Tupel von SC
e, s, c, sc	die Tupelvariablen von E, S, C und SC mit ihren Domänen e(i), s(i), c(i) und sc(i)

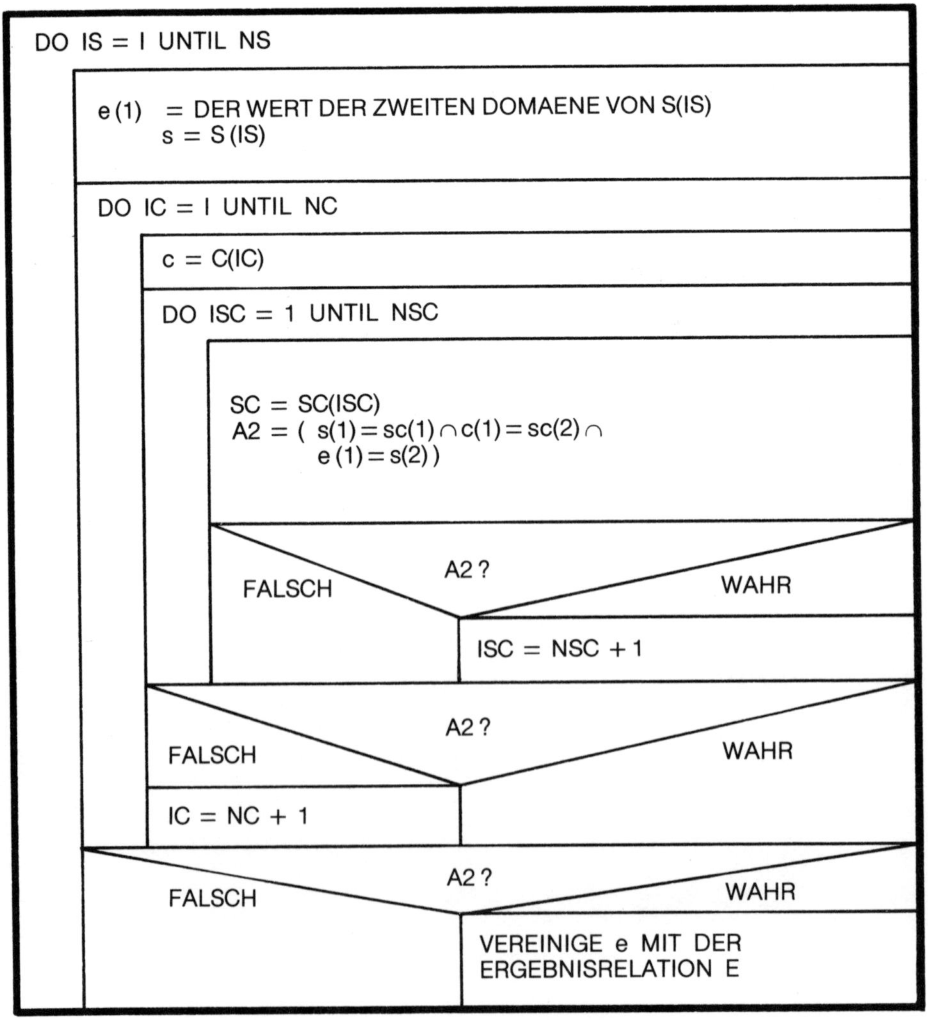

Abb. 4 — 20 Division von Relationen (Beispiel 50)

Hinweis: Ersetzt man Schülernummer durch Auftragsnummer, Kursnummer durch Arbeitsplatznummer, so entspricht dieses Beispiel dem Beispiel 37.

Beispiel 51: Die Synthese von komplexen Fragestellungen

Die relationalen Grundoperationen sind die Bausteine, mit deren Hilfe ein Benutzer komplexere Fragestellungen konstruieren kann. Das Konstruktionsprinzip ist einfach, da sich jede Abfrage durch Synthese der Nassi-Shneiderman-Diagramme der Bausteine anschaulich darstellen läßt.

Das folgende Beispiel zeigt, wie zwei Selektionen miteinander kombiniert und zwei verschiedene Tupelvariablen an denselben Wertebereich gebunden werden können.

Gegeben ist die Relation Name N. Sie besteht aus den Domänen Familienname F und Vorname V.

N

n (1) F	n (2) V
F1	V1
F2	V2
F3	V1
F4	V2
F5	V3
F6	V3
F7	V1

Ermittle die Familiennamen, die denselben Vornamen haben wie F7.

Lösung:

Kalkül: $c: ((\exists n_x.N\,(n_x(2) = c(2) \cap n_x(1) = c(1)) \cap$
$(\exists n.N\,(n(1) = „F7“ \cap n(2) = c(2)))$

SQL: SELECT F,V FROM N WHERE V IN (SELECT V FROM N WHERE F = 'F7')

Ergebnisrelation:

C

c (1) F	c (2) V
F1	V1
F3	V1
F7	V1

Nassi-Shneiderman-Diagramm:
Die Lösung wird durch das folgende Diagramm beschrieben. In ihm bedeuten: (Abb. 4 — 21)

NN die Anzahl der Tupeln von N

N(IN) der IN-te Tupel von N

c, n, n_x die Tupelvariablen von C und N mit ihren Domänen c(i), n(i) und $n_x(i)$

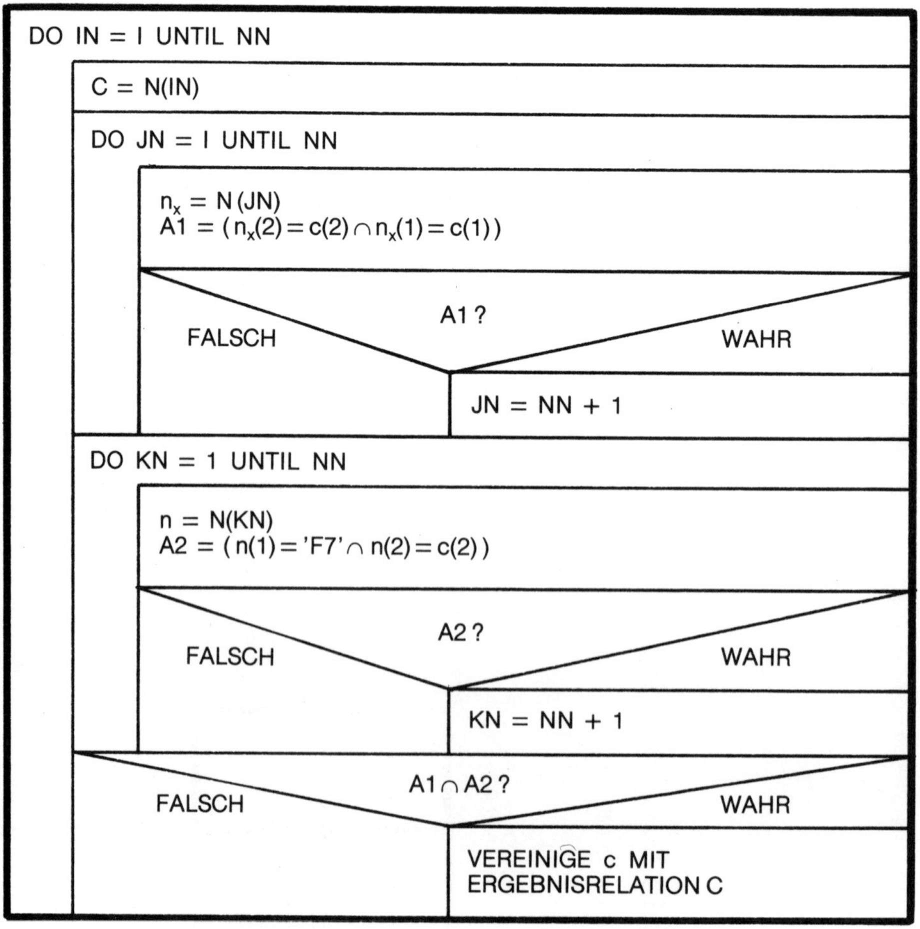

Abb. 4 — 21 Synthese von Grundoperationen

4.3 Zusammenfassung

Abschließend wollen wir uns nochmals an die Ziele in Kapitel 1 des Buches erinnern. Die relationalen Sprachen sollten es einem möglichst großen Kreis von Benutzern aus den Fachbereichen ermöglichen, sich an der Entwicklung und Betreuung von Anwendungsprogrammen zu beteiligen. Werden sie diesem Anspruch gerecht? Ich glaube, daß diese Frage differenziert beantwortet werden muß, und zwar

— für das Auswerten von Datenbanken und
— für das Verwalten von Datenbanken

Beim *Auswerten von Datenbanken* geht es darum, dem Benutzer aus dem Fachbereich eine Sprache zur Verfügung zu stellen, mit der er seine spontanen Informationsbedürfnisse direkt am Bildschirm befriedigen kann, ohne dazu die Anwendungsprogrammierung aus der Datenverarbeitung einschalten zu müssen.

Für diese Aufgabenstellung sind die relationalen Sprachen aus folgenden Gründen besonders geeignet:

— Sie stellen dem Benutzer die Daten der Datenbank in einer allgemein verständlichen Form dar — als Tabelle.

— Die Assoziationen, die die Tabellen (Relationen) verknüpfen, werden nicht durch physische Adreßverweise sondern durch die Werte der Datenelemente in den Tabellen dargestellt. So kann der Benutzer seine Abfrage formulieren, ohne darauf achten zu müssen, wie die Daten gespeichert sind.

— Die relationalen Sprachen befreien den Benutzer von der Navigation, d. h. sie stellen ihm Befehle zur Verfügung, mit denen er die Tabellen als Ganzes verarbeiten kann. Er muß sie nicht Zeile für Zeile lesen, Zeilen aus verschiedenen Tabellen miteinander vergleichen, ungültige Zeilen überlesen und Endebedingungen auswerten.

Die Freiheit, die diese Sprachen dem Benutzer im Fachbereich bieten, schließt aber auch ein Risiko mit ein. Er ist für die Richtigkeit der Ergebnisse der Abfragen, die er selbst formuliert hat, auch selbst verantwortlich (semantische Integrität). Die Fehlermöglichkeiten sind jedoch begrenzt, da bei Auswertungen die Integrität der Daten in der Datenbank selbst nicht zerstört wird.

Beim *Verwalten von Datenbanken* geht es nicht nur darum, daß Tupel in Relationen eingefügt, geändert oder gelöscht werden. Es geht darum. daß bei diesen Verwaltungsoperationen die Integrität der Assoziationen, die die Relationen miteinander verknüpfen, nicht verletzt wird.

Betrachten wir z. B. die Stücklistenverwaltung in Beispiel 18. Wenn ein Tupel in die Relation der Strukturdaten aufgenommen wird, muß geprüft werden, ob es sowohl zur übergeordneten Teilenummer als auch zur zugeordneten Teilenummer einen Tupel in der Relation der Teiledaten gibt.

Ähnliches gilt für das Löschen eines Tupels aus der Relation der Teiledaten. Hier muß geprüft werden, ob es in der Relation der Strukturdaten noch Verwendungszeilen oder Positionszeilen gibt.

Hier sehe ich auch in Zukunft schwerpunktmäßig eine Aufgabe für die Fachleute aus dem Bereich der Datenverarbeitung.

— Die Systemanalytiker legen gemeinsam mit den Organisatoren aus dem Fachbereich die Relationen der Datenbank und ihre Assoziationen fest (kanonische Synthese).

— Der Datenbankadministrator sorgt dafür, daß die Daten so gespeichert werden, daß der Computer und seine Ressourcen effizient genutzt werden.

— Die Anwendungsprogrammierer erstellen die Programme, die die Datenbank verwalten und ihre Integrität sicherstellen. Wo dies aus Effizienzgründen notwendig ist, verwenden sie weiter die herkömmlichen Programmiersprachen. Sie wissen, wie relationale Abfragen richtig formuliert werden, beraten die Benutzer aus dem Fachbereich und übernehmen bei schwierigen Abfragen auch ihre Formulierung.

Das Buch will dazu beitragen, das zur Lösung dieser Aufgaben notwendige methodische Wissen zu vermitteln.

5. Synthese betrieblicher Informationssysteme

Der große Verdienst von E. F. Codd liegt darin, daß er den Entwurf von Informationssystemen mathematischen Analysemethoden zugänglich gemacht hat. Wenden wir sie konsequent an, so erhalten wir ein logisch konsistentes, integriertes und stabiles Modell der Daten eines Unternehmens und schaffen so die Voraussetzung für

— die Erstellung stabiler Anwendungsprogramme,
— korrekte Ergebnisse beim Einsatz nonprozeduraler Sprachen und für
— eine methodische Vorgehensweise beim physischen Datenbankentwurf.

Dieses Kapitel zeigt uns einen Weg auf, wie wir ein solches Modell systematisch Schritt für Schritt aufbauen und organisatorisch absichern:

— Schaffen der organisatorischen Voraussetzungen
— Entwickeln eines groben Informationsmodells
— Festlegen von Zuständigkeiten
— Verfeinern des groben Informationsmodells
— Fortschreiben des betrieblichen Informationsmodells

Die folgenden Überlegungen stützen sich auf die Daten aus Beispiel 23.

Schaffen der organisatorischen Voraussetzungen

Wir können davon ausgehen, daß heute die meisten Unternehmen die Entwicklung von DV-Anwendungssystemen in Form von Projekten organisieren. Ziel jedes Leiters eines dieser Projekte wird es sein, „sein" DV-Anwendungssystem im Rahmen des vorgegebenen Budgets, der vorgegebenen Termine und in der geforderten Qualität fertigzustellen. Er wird es nicht als seine Aufgabe ansehen, die Integration aller DV-Anwendungssysteme des Unternehmens sicherzustellen.

Diese Integration erfolgt über die Daten, auf die sie zugreifen. Daher muß für die Administration der Daten eine zentrale Stelle verantwortlich sein, das sogenannte „Informations-Management".

Entwickeln eines groben Informationsmodells

Vertreter des Informations-Managements entwerfen zusammen mit den Leitern der DV-Projekte ein Modell /19, 20/, in dem

— die Objekte dargestellt werden, über die im Unternehmen Informationen gesammelt werden sollen (zum Beispiel Teile, Bestände, Aufträge, Reservierungen, Auftragsarbeitsfolgen, Arbeitsplätze usw.)
— die Beziehungen (Assoziationen) dargestellt werden, die zwischen diesen Objekten bestehen (zum Beispiel, ob zu einem Teil mehrere Bestände geführt werden oder ob mehrere Auftragsarbeitsfolgen am selben Arbeitsplatz ausgeführt werden können etc.)

Die Informationen zum Entwurf dieses

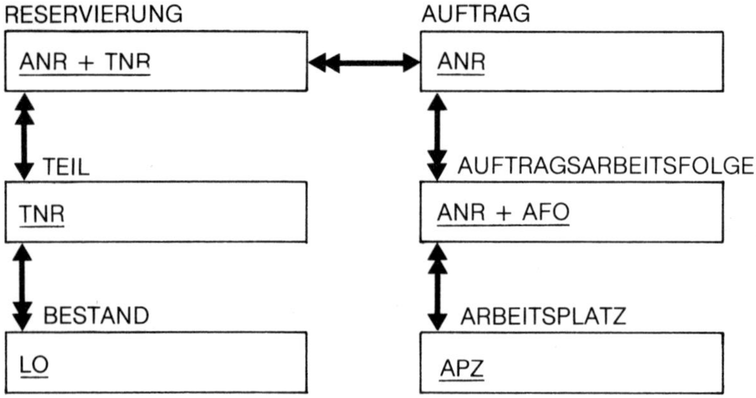

Abb. 5—1 Betriebliches Informationsmodell

Modells entstehen entweder während des „Funktionsdesigns" /21/ (top-down approach) oder werden durch Analyse bestehender Dokumente, Listenbilder oder Bildschirmauslagen ermittelt (bottom up approach).

Das Ergebnis dieser Arbeit ist das sogenannte „betriebliche Informationsmodell". Es wird in Form eines Diagramms (Abb. 5—1) optisch veranschaulicht, in dem die Objekte durch Kästchen und die Beziehungen durch Pfeile dargestellt sind. In jedes Kästchen wird der Primärschlüssel eingetragen, mit dem ein Objekt eindeutig identifiziert wird:

Die praktische Erfahrung zeigt, daß ein solches Modell sehr rasch aufgebaut werden kann. Insbesondere trägt die systematische Untersuchung der Assoziationen und der Primärschlüssel entscheidend dazu bei, Fehler beim Entwurf von DV-Anwendungssystemen zu vermeiden und die Projektarbeit zu beschleunigen.

Festlegen von Zuständigkeiten

Die Leiter der DV-Projekte und Vertreter des Informationsmanagements grenzen mit Hilfe des betrieblichen Informationsmodells die Projekte untereinander ab und legen an Hand von Informationsgruppen Zuständigkeiten fest: (Abb. 5—2)

Verfeinern des groben Informationsmodells (Abb. 5—3, 5—4)

Die Leiter der DV-Projekte sorgen dafür, daß ihre Mitarbeiter das Informationsmodell des Projektes weiter verfeinern. Und zwar müssen nach den Regeln der kanonischen Synthese die Datenelemente, die ein Objekt näher beschreiben, ihren Primärschlüsseln zugeordnet werden. (Vergleiche Syntheseformel in Kapitel 3.4.2)

Fortschreiben des betrieblichen Informationsmodells

Das Informationsmanagement und die DV-Projektleiter überprüfen in regelmäßigen Abständen, wie sich die bei der projektbezogenen Verfeinerung gewonnenen Erkenntnisse auf das betriebliche Informationsmodell auswirken und schreiben es nach den Regeln der kanonischen Synthese fort.

Dabei tritt in der Syntheseformel das Informationsmodell des Projektes an die Stelle des Subschemas und das betriebliche Informationsmodell an die Stelle des konzeptuellen Schemas.

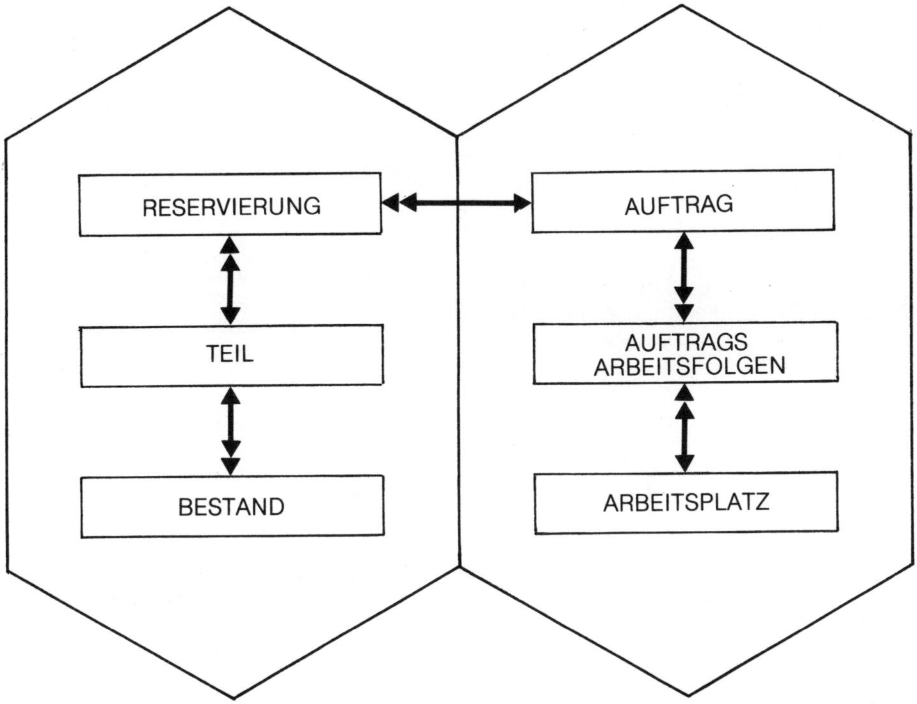

Abb. 5—2 Festlegen von Zuständigkeiten (Informationsmodelle der Projekte)

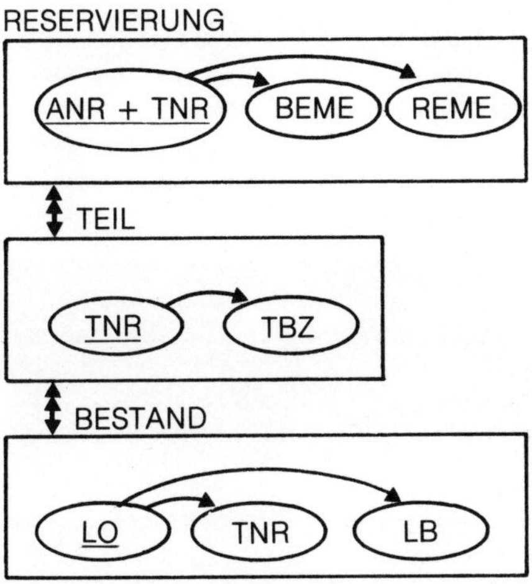

Abb. 5—3 Zuordnung der Datenelemente (Projekt Materialwirtschaft)

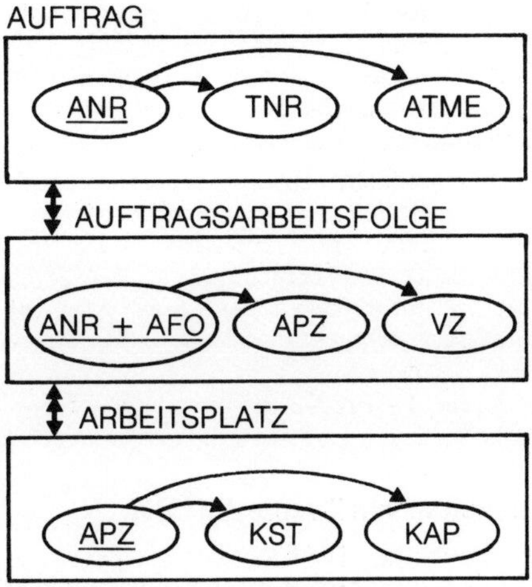

Abb. 5—4 Zuordnung der Datenelemente (Projekt Fertigung)

Dieser Syntheseprozeß (Abb. 5-5) ist einem biologischen Prozeß nicht unähnlich. So wie die Bienen Wabe auf Wabe nach dem Gesetz des regelmäßigen Sechsecks lückenlos aneinanderfügen, so ermöglichen es uns die Codd'schen Regeln der kanonischen Synthese, systematisch ein stabiles und konsistentes Informationsmodell des Unternehmens aufzubauen.

Da sich dieser Aufbau auf eine mathematisch fundierte Grundlage stützt, ist er unabhängig von zeitlichen, örtlichen, personellen und prozeduralen Aspekten. Ob ein Unternehmen sein Informationssystem schrittweise und evolutionär realisiert, ob diese Realisierung gleichzeitig an verschiedenen Standorten in Angriff genommen wird, ob unterschiedliche Projektteams mit dieser Aufgabe betraut werden oder ob das Informationsdesign bottom up oder top down durchgeführt wird, die Theorie der relationalen Datenbanken stellt dem Information-Management ein mächtiges Hilfsmittel zur Verfügung, mit dem es die Integration der DV-Anwendungssysteme des Unternehmens sicherstellen kann.

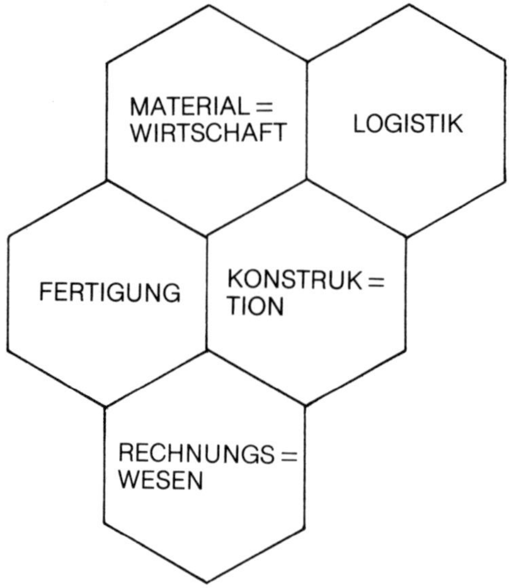

Abb. 5—5 Fortschreiben des betrieblichen Informationsmodells

6. Stichwortverzeichnis

7. Literaturverzeichnis

/1/ Dr. Barry W. Boehm
Major U. S. Government/Industry Software Management
Initiatives Status and Trends
4. joint European/U. S. Software Management Conference 1979

/2/ M. A. Jackson
Principles of Program Design
Academic Press London, New York, San Francisco 1975

/3/ James Martin
Seminar Documentation 1979
Savant Research Studies
2 New Street Carnforth Lancashire. LA5 9BX

/4/ Gewald, Haake, Pfadler
Software Engineering
Grundlagen und Technik rationeller Programmentwicklung
Reihe Datenverarbeitung
R. Oldenbourg-Verlag München, Wien 1977

/5/ James Martin
Computer Database Organisation
Prentice-Hall Inc., Englewood Cliffs, New Jersey 1977

/6/ E. F. Codd
A Relational Model of Data for large shared Data Banks
Communications of the ACM, Volume 13/Number 6/ June 1970

/7/ Datenbankorganisations- und Verwaltungsprozessor DBOMP
Programmbeschreibung
IBM-Form SH12-1063-1

/8/ IMS-VS System Application Design Guide
IBM-Form SH-20-9025-5

/9/ Cullinane Corporation
IDMS Database Design and Definition Guide
September 1979

/10/ E. F. Codd
Further Normalisation of the Database Relational Model
Courant Computer Science Symposia, Vol. 6 Data Base Systems
Prentice-Hall Inc., Englewood Cliffs, N. J. 1972

/11/ Edward Yourdon
39. Internationale Diebold-Konferenz, Venedig 1978

Umwälzungen auf dem Gebiet der Softwareentwicklung
GMD-Spiegel 2/1978

/12/ E. F. Codd
Relational Completeness of Database Sublanguages
Courant Computer Science Symposia, Vol. 6 Data Base Systems
Prentice-Hall Inc., Englewood Cliffs, N. J. 1972

/13/ Jeffrey D. Ullmann
Principles of Database Systems
Computer Science Press 1980

/14/ J. E. Whitesitt
Boolesche Algebra und ihre Anwendungen
Friedrich Vieweg Verlag 1973

/15/ SQL/Data System Terminal User's Reference
IBM-Form SH-24-5017

/16/ SQL/Data System Terminal User's Guide
IBM-Form SH-24-5016

/17/ Nassi, I.; Shneiderman B.
Flow-Chart Techniques for Structured Programming
SIGPLAN Notices 1973

/18/ dBase II manual
Ashton-Tate
9929 West Jefferson Boulevard
Culver City, California 90230

/19/ M. Vetter
Aufbau betrieblicher Informationssysteme
B. G. Teubner Stuttgart 1982

/20/ Klaus Alfes
Erfahrungen mit konzeptionellem Informationsdesign in
Datenbanken in der Praxis
Proceedings
CW-CSE 1983

/21/ Katzan
Methodischer Systementwurf
Verlagsggesellschaft Rudolf Müller 1980